# 1일 1독해

## 세계사 ❸ 근대(상)

# "하루 15분" 똑똑한 공부 습관
# 1일 1독해

| | |
|---|---|
| **개정1판 1쇄** | 2026년 3월 25일 |
| **초판 1쇄** | 2022년 6월 20일 |
| **펴낸곳** | 메가스터디(주) |
| **펴낸이** | 손은진 |
| **개발 책임** | 김문주 |
| **개발** | 양수진, 최란경, 표민지 |
| **글** | 메가스터디 초등교육 연구소, 구름돌 |
| **그림** | 김보경 |
| **디자인** | 주희연 |
| **마케팅** | 김상민 |
| **제작** | 이성재, 장병미 |
| **사진 제공** | 토픽이미지스 |
| **주소** | 서울시 서초구 효령로 304(서초동) 국제전자센터 24층 |
| **대표전화** | 1661-5431 |
| **홈페이지** | http://www.megastudybooks.com |
| **출판사 신고 번호** | 제 2015-000159호 |
| **출간제안/원고투고** | 메가스터디북스 홈페이지 <투고 문의>에 등록 |

### 메가스터디북스

'메가스터디북스'는 메가스터디㈜의 교육, 학습 전문 출판 브랜드입니다.
초중고 참고서는 물론, 어린이/청소년 교양서, 성인 학습서까지 다양한 도서를 출간하고 있습니다.

· **제품명** 1일 1독해 세계사 3
· **제조자명** 메가스터디㈜ · **제조년월** 판권에 별도 표기 · **제조국명** 대한민국 · **사용연령** 3세 이상
· **주소 및 전화번호** 서울시 서초구 효령로 304(서초동) 국제전자센터 24층 / 1661-5431

# 1일 1독해
# 세계사

<1일 1독해 세계사>는
하루 15분, 세계사 교과 독해를 통해 교과 학습에 대비하며
독해력과 역사 배경지식을 함께 키울 수 있도록 구성하였습니다.
고대부터 현대까지 이어지는 주요 사건과 인물을 따라가며
세계사 흐름을 한눈에 파악할 수 있습니다.

**1권 고대** 인류가 문명을 이룩하고 동서양의 고대 국가들이 기틀을 잡는 과정을 살펴봅니다.

**2권 중세** 종교를 중심으로 형성된 각 지역 문화권의 발전 과정을 이해합니다.

**3권 근대(상)** 르네상스와 종교개혁을 통한 가치관 변화와 중앙 집권 국가의 특징을 알아봅니다.

**4권 근대(하)** 산업혁명으로 인한 사회·경제 변화를 이해하고 국민 국가 건설 과정을 파악합니다.

**5권 현대** 두 차례의 세계 대전과 냉전, 오늘날의 다원화된 세계의 모습을 살펴봅니다.

# 우리 아이 10년 뒤를 바꾸는 독해력!

독해력은 모든 학습의 기초 체력입니다. 초등 시기에 제대로 읽고 이해하는 독해력을 탄탄하게 다져 놓으면, 중학생, 고등학생이 되어 아무리 어려운 지문과 문제를 접하더라도 그 내용을 잘 이해할 수 있고 차근차근 문제를 풀 수 있습니다. 독해력이 뛰어난 아이일수록 여러 교과의 내용을 쉽게 이해할 수 있고, 자신의 생각을 풍부하고 명확하게 표현할 수 있습니다.

## 왜 1일 1독해 일까?

<1일 1독해> 시리즈는 주제에 맞는 이야기가 짧은 지문으로 제시되어 부담 없이 매일 한 장씩 풀기 좋습니다. 독해는 어릴 때 습관을 잡아 주는 것이 가장 중요합니다. 메가스터디북스의 <1일 1독해> 시리즈로 몸의 근육을 키우듯 아이의 학습 근육을 키워 주세요.

### ① 아이가 재미있어서 스스로 보는 책

왜 아이들은 1일 1독해를 "재미있다"고 할까요?
눈높이에 맞는 흥미로운 주제의 지문들을 읽는 즐거움이 있기 때문입니다.
지문을 읽고 바로바로 문제를 풀어 확인하는 단순한 학습 패턴에서 아이는 공부의 재미를 느끼게 됩니다.

### ② 매일 완독하니까 성공의 경험이 쌓이는 책

하루 15분! 지문 1쪽, 문제 1쪽의 부담 없는 학습량으로 아이는 매일매일 성공적인 학습을 경험합니다.
매일 느끼는 성취감은 꾸준한 학습 습관으로 이어지고, 완독의 경험이 쌓여 아이의 공부 기초 체력이 됩니다.

### ③ 독해 학습과 배경지식 확장이 가능한 책

한국사, 세계사, 사회 등 교과 연계 지문으로 교과 학습을 대비할 수 있고, 우리 문화를 담은 글을 포함해 세계 명작, 고전, 인물까지 인문 교양과 관련된 폭넓은 주제의 지문으로 배경지식을 확장시킬 수 있습니다.

# 메가스터디북스 1일 1독해 시리즈

<1일 1독해> 시리즈는 독해를 이제 막 시작하는 예비 초등을 위한 이야기 시리즈, 초등학교 전학년이 볼 수 있는 교과 연계 중심의 교과학습 시리즈, 배경지식을 확장해 주는 인문교양 시리즈로 구성됩니다.

## 예비 초~2학년

### 이야기

호기심을 키우는 다양한 주제의 이야기로, 아이가 관심 있는 주제부터 시작하여 차근차근 독해력을 길러 줍니다.

- ① 과학 이야기 ❶~❻
- 세계 나라 ❶, ❷
- 세계 명작
- 마음 이야기
- 우리나라 ❶~❹
- 전 14권

## 초등 교과학습

### 한국사

우리 역사의 주요 사건과 인물을 시대별로 구성하여, 한국사의 흐름을 이해하고 교과 학습에 대비할 수 있습니다.

- ❶ 선사 ~ 통일 신라
- ❷ 후삼국 ~ 고려
- ❸ 조선(상)
- ❹ 조선(하)
- ❺ 대한 제국 ~ 현대
- 전 5권

### 세계사

세계사의 주요 장면들을 독해로 학습하며 우리 아이가 반드시 알아야 할 세계사 지식을 시대별 흐름에 맞춰 익힐 수 있습니다.

- ❶ 고대
- ❷ 중세
- ❸ 근대(상)
- ❹ 근대(하)
- ❺ 현대
- 전 5권

### 초등 사회

사회 문화, 지리, 전통문화, 정치, 경제 등의 사회 교과 독해를 통해 교과 학습에 대비할 수 있습니다.

- ❶~❺
- 전 5권

## 2022 개정 교육과정

## 초등 인문교양

### 세계 고전 50, 우리 고전 50

초등학생이 꼭 읽어 두어야 할 세계 고전 50편과 우리 고전 50편을 하이라이트로 미리 접하며 교양을 쌓을 수 있습니다.

- 세계 고전 50 ❶, ❷
- 우리 고전 50
- ❶ 삼국유사 설화
- ❷ 교과서 고전문학
- 전 4권

### 세상을 바꾼 인물 100

교과서에 수록된 인물을 중심으로 초등학생이 꼭 알아야 할 위대한 인물 100명의 이야기를 통해 바른 인성을 기를 수 있습니다.

- ❶ 문화·예술
- ❷ 과학·기술
- ❸ 의료·봉사
- ❹ 경제·정치
- 전 4권

매일매일 공부 습관을 길러 주는 공부 친구 체키 Checky

# 지문 1쪽 문제 1쪽으로 매일매일 독해력 강화!

**유럽**

**1 일차**

그리스·로마 문화의 부활, 르네상스

...화 운동이 일어났어요. 신이 아닌 인간 중심의 ...리려는 운동으로, '르네상스'라고 하지요. 르네상 ...프랑스 말이에요.

### 14세기

...에서 시작되었어요. 이탈리아는 유럽, 아시아, 아프리 ...중해 한가운데에 있는데, 당시에 지중해 지역에서는 동방의 물건을 사고파는 무역이 활발했어요. 그래서 무역을 통해 돈을 많이 번 이탈리아 상인들이 철학자와 예술가들을 지원하면서 르네상스가 꽃피기 시작했어요. 게다가 그리스·로마 문화를 오랫동안 간직했던 비잔티움 제국의 많은 학자와 예술가가 이탈리아로 옮겨 오면서 이탈리아는 인간 중심의 고대 그리스·로마 문화 연구의 중심지가 되었어요.

르네상스는 문학, 미술, 과학 분야에서 더욱 뚜렷이 나타났어요. 보카치오는 소설 《데카메론》을 통해 인간의 감정을 솔직하게 표현했어요. 레오나르도 다 빈치와 미켈란젤로 등의 예술가들은 그림이나 조각 등으로 인체의 아름다움을 사실적으로 표현했지요. 또 자연을 있는 그대로 관찰하고 받아들이는 노력을 하며 자연 과학이 발전했어요.

▲ 미켈란젤로의 다비드상

8

---

사회과 교육 과정의 내용 체계에 따라 6개의 지역으로 나누어 어느 지역에 해당하는 글감인지 확인하며 **지역에 대한 이해를 높이고,** **일차를 표시하여 매일매일 공부 습관을 기를 수 있습니다.**

역사 속 인물, 사건, 제도, 문화 등 다양한 글감으로 구성되어 **세계사에 대한 호기심을 키우고 지식을 쌓을 수 있습니다.**

학습한 날짜를 기입하게 함으로써 **아이의 꾸준한 학습을 유도합니다.**

연표를 제공하여 **세계사의 흐름 속에서** **글감을 이해할 수 있도록 도와줍니다.**

다양한 문제를 풀며 **내용을 확실하게 이해했는지 확인합니다.**

세계사 속 인물이나 제도, 기관 등 역사 용어의 뜻을 풀이하여 **글감에 대한 이해를 높입니다.**

---

## 읽은 것 확인하기

읽은 날짜:    월    일

**1 일차**

**1** 르네상스에 대한 글을 읽고, 빈 곳에 알맞은 말을 쓰세요.

르네상스는 신이 아닌 _____ 중심의 고대 그리스·로마 문화를 되살리려는 운동이에요.

**2** 르네상스가 시작된 나라는 어디인지 찾아 색칠하세요.

그리스    오스트리아    이탈리아

**3** 이탈리아의 철학자와 예술가들을 지원한 사람들은 누구인지 찾아 ○ 하세요.

이탈리아의 왕        이탈리아의 상인들

아라비아의 상인들        이탈리아의 성직자들

**4** 르네상스에 대한 설명으로 틀린 것을 고르세요.        (    )

① 르네상스는 '재생·부활'을 뜻하는 프랑스 말이에요.
② 문학, 미술, 과학 분야에서 더욱 뚜렷이 나타났어요.
③ 아테네는 인간 중심의 고대 그리스·로마 문화 연구의 중심지가 되었어요.
④ 르네상스 시대의 예술가들은 인체의 아름다움을 사실적으로 표현했어요.

**풀이**
• **비잔티움 제국** 고대 로마 제국이 동서로 갈라질 때 세워진 동로마 제국을 말함.
• **보카치오** 이탈리아의 작가. 《데카메론》을 완성하여 근대 소설의 시조가 됨.
• **미켈란젤로** 이탈리아의 화가·조각가·건축가·시인.

9

# 낱말 퍼즐과 속닥속닥 세계사로 배경지식까지 풍성하게!

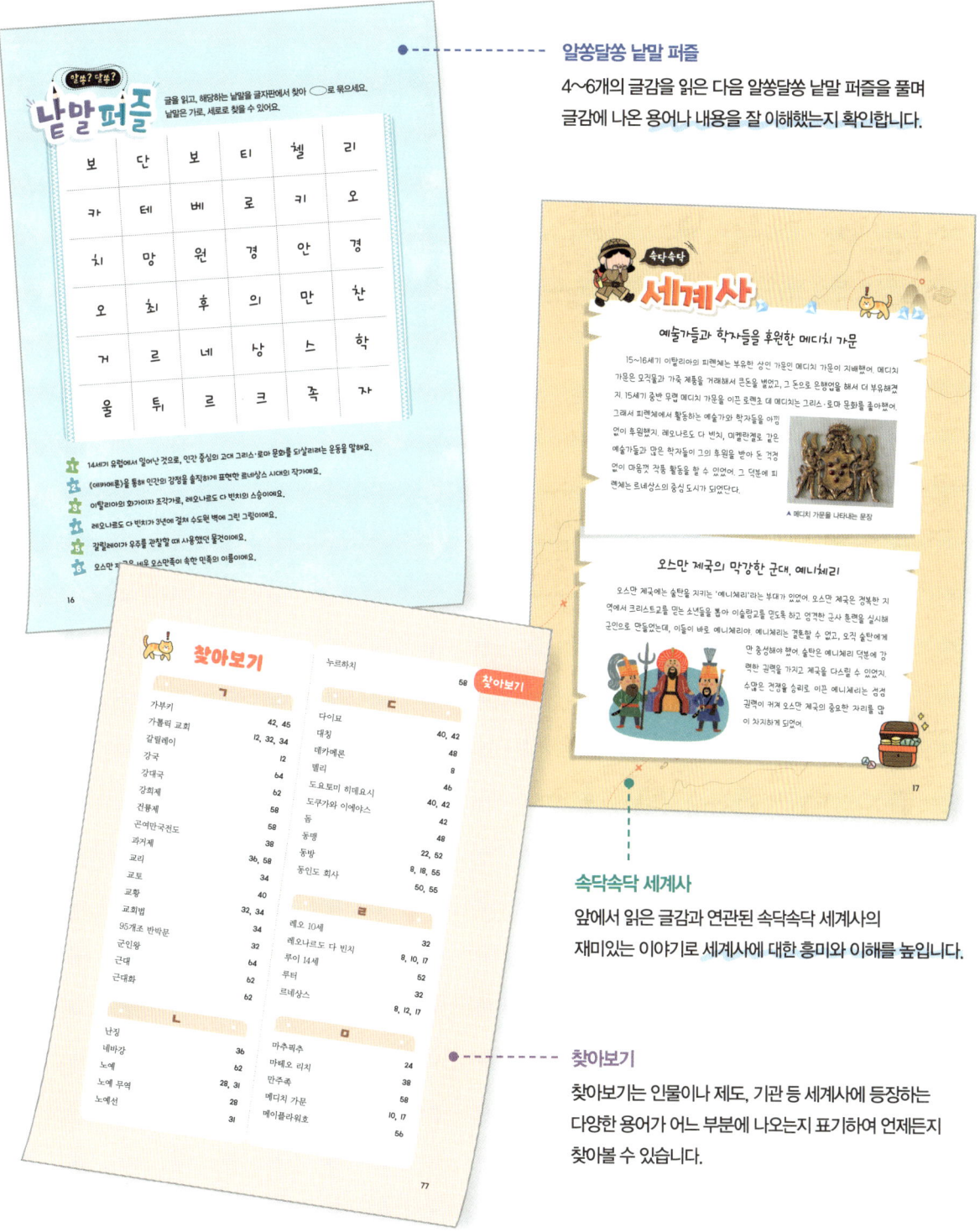

**알쏭달쏭 낱말 퍼즐**

4~6개의 글감을 읽은 다음 알쏭달쏭 낱말 퍼즐을 풀며
글감에 나온 용어나 내용을 잘 이해했는지 확인합니다.

**속닥속닥 세계사**

앞에서 읽은 글감과 연관된 속닥속닥 세계사의
재미있는 이야기로 세계사에 대한 흥미와 이해를 높입니다.

**찾아보기**

찾아보기는 인물이나 제도, 기관 등 세계사에 등장하는
다양한 용어가 어느 부분에 나오는지 표기하여 언제든지
찾아볼 수 있습니다.

# 세계사

## ③ 근대(상)

그린란드
(덴마크)

알래스카
(미국)

캐나다

미국

멕시코

쿠바

벨리즈
과테말라 온두라스
엘살바도르 니카라과
코스타리카 파나마

도미니카공화국

베네수엘라
콜롬비아 가이아나
수리남
에콰도르

페루 브라질

볼리비아

파라과이

아르헨티나 우루과이
칠레

🌎 사회 교과 과정에 따라 지역을 구분하였습니다. 글감에 나오는 나라의 위치를 지도에서 찾아보세요.

아이슬란드
스웨덴 핀란드
노르웨이
**유럽**
에스토니아
라트비아
덴마크
리투아니아
아일랜드 영국 네덜란드 벨라루스
독일 폴란드
체코 우크라이나
프랑스 슬로바키아
스위스 오스트리아 헝가리 몰도바
이탈리아 루마니아
크로아티아
보스니아 세르비아
에스파냐 헤르체고비나 불가리아
포르투갈 그리스
튀르키예
**서아시아**
조지아
아제르바이잔
시리아 우즈베키스탄
레바논 이라크 이란
이스라엘
요르단 쿠웨이트
모로코
튀니지
알제리 리비아
이집트
서사하라
모리타니
말리 니제르
세네갈 차드 수단
기니 부르키나파소
시에라리온 코트디부아르 나이지리아
라이베리아 가나
카메룬 중앙아프리카 남수단
공화국
가봉 콩고 우간다 에티오피아
콩고 케냐
민주 공화국 탄자니아
앙골라
잠비아 모잠비크
짐바브웨
나미비아 보츠와나 마다가스카르
남아프리카
공화국

러시아
카자흐스탄
몽골
**동아시아**
키르기스스탄
투르크메니스탄
타지키스탄
중국
대한민국 일본
아프가니스탄
**인도**
파키스탄 네팔
부탄
인도 방글라데시
타이완
미얀마
베트남
라오스
타이 필리핀
캄보디아
브루나이
말레이시아
싱가포르
인도네시아
파푸아
뉴기니

아랍 에미리트
사우디아라비아
오만
예멘

**아프리카**

오스트레일리아

# 그리스·로마 문화의 부활, 르네상스

14세기 유럽에서는 새로운 문화 운동이 일어났어요. 신이 아닌 인간 중심의 고대 그리스·로마 문화를 되살리려는 운동으로, '르네상스'라고 하지요. 르네상스는 '재생·부활'을 뜻하는 프랑스 말이에요.

르네상스는 이탈리아에서 시작되었어요. 이탈리아는 유럽, 아시아, 아프리카에 둘러싸인 지중해 한가운데에 있는데, 당시에 지중해 지역에서는 동방의 물건을 사고파는 무역이 활발했어요. 그래서 무역을 통해 돈을 많이 번 이탈리아 상인들이 철학자와 예술가들을 지원하면서 르네상스가 꽃피기 시작했어요. 게다가 그리스·로마 문화를 오랫동안 간직했던 비잔티움 제국*의 많은 학자와 예술가가 이탈리아로 옮겨 오면서 이탈리아는 인간 중심의 고대 그리스·로마 문화 연구의 중심지가 되었어요.

르네상스는 문학, 미술, 과학 분야에서 더욱 뚜렷이 나타났어요. 보카치오*는 소설 《데카메론》을 통해 인간의 감정을 솔직하게 표현했어요. 레오나르도 다 빈치와 미켈란젤로* 등의 예술가들은 그림이나 조각 등으로 인체의 아름다움을 사실적으로 표현했지요. 또 자연을 있는 그대로 관찰하고 받아들이는 노력을 하며 자연 과학이 발전했어요.

▲ 미켈란젤로의 다비드상

14세기
이탈리아에서
르네상스가 시작됨.

16세기
르네상스가
북유럽으로 전해짐.

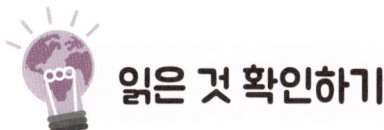
**1** 르네상스에 대한 글을 읽고, 빈 곳에 알맞은 말을 쓰세요.

> 르네상스는 신이 아닌 _____ 중심의 고대 그리스·로마 문화를 되살리려는
>
> 운동이에요.

**2** 르네상스가 시작된 나라는 어디인지 찾아 색칠하세요.

| 그리스 | 오스트리아 | 이탈리아 |
|---|---|---|

**3** 이탈리아의 철학자와 예술가들을 지원한 사람들은 누구인지 찾아 ◯ 하세요.

| 이탈리아의 왕 | 이탈리아의 상인들 |
|---|---|
| 아라비아의 상인들 | 이탈리아의 성직자들 |

**4** 르네상스에 대한 설명으로 <u>틀린</u> 것을 고르세요.　　　　　( 　　　　 )

① 르네상스는 '재생·부활'을 뜻하는 프랑스 말이에요.

② 문학, 미술, 과학 분야에서 더욱 뚜렷이 나타났어요.

③ 아테네는 인간 중심의 고대 그리스·로마 문화 연구의 중심지가 되었어요.

④ 르네상스 시대의 예술가들은 인체의 아름다움을 사실적으로 표현했어요.

**용어 풀이**
- **비잔티움 제국** 고대 로마 제국이 동서로 갈라질 때 세워진 동로마 제국을 말함.
- **보카치오** 이탈리아의 작가. 《데카메론》을 완성하여 근대 소설의 시조가 됨.
- **미켈란젤로** 이탈리아의 화가·조각가·건축가·시인.

# 이탈리아의 천재 예술가, 레오나르도 다 빈치

레오나르도 다 빈치는 이탈리아 피렌체 근처의 작은 마을에서 태어났어요. 어려서부터 그림에 재능을 보인 레오나르도 다 빈치는 열네 살 때 유명한 화가이자 조각가인 베로키오*의 제자가 되었어요.

그 후 레오나르도 다 빈치는 메디치 가문*의 후원을 받아 본격적으로 화가의 길을 걷게 되었어요. 그는 루도비코 공작의 부탁으로 3년에 걸쳐 수도원 벽에 《최후의 만찬》이라는 그림을 그렸는데, 이 그림은 많은 화가에게 영향을 주었어요. 그리고 이탈리아 상인의 부인을 그린 레오나르도 다 빈치의 작품 《모나리자》는 오늘날까지도 세계적으로 유명하지요.

레오나르도 다 빈치는 그림뿐만 아니라 다양한 분야에서 뛰어난 재능을 보였어요. 그는 사람을 잘 그리기 위해 수십 구의 시체를 해부해 인체 해부도를 그렸는데, 이것은 의학이 발전하는 데 큰 도움을 주었어요. 또 독특한 상상력으로 비행기, 헬리콥터, 탱크 등을 연구하여 설계도*를 만들기도 했어요.

기록하는 습관이 있었던 레오나르도 다 빈치는 자신이 탐구하는 모든 것들을 노트에 기록했어요. 오늘날에도 20권이 넘게 남아 있는 노트를 통해 그의 연구를 엿볼 수 있어요.

▲ 레오나르도 다 빈치

▲ 모나리자

1452년
레오나르도 다 빈치가
태어남.

1497년
《최후의 만찬》이
완성됨.

1519년
레오나르도 다 빈치가
죽음.

**1** 레오나르도 다 빈치를 후원했던 가문을 찾아 ◯ 하세요.

| 메디치 가문 | 메로빙거 가문 | 밀라노 가문 |
|---|---|---|

**2** 레오나르도 다 빈치의 작품으로, 이탈리아 상인의 부인을 그린 그림은 무엇인지 쓰세요.

✏️ _____

**3** 레오나르도 다 빈치에 대한 설명으로 맞으면 ◯, 틀리면 ✕ 하세요.

(1) 어릴 때부터 그림에 재능을 보였어요.　　　　　　　　　　( 　　　 )

(2) 미켈란젤로의 제자가 되었어요.　　　　　　　　　　　　( 　　　 )

(3) 수도원 벽에 3년에 걸쳐 《최후의 만찬》을 그렸어요.　　( 　　　 )

(4) 자신이 탐구하는 것을 노트에 기록하는 습관이 있었어요.　( 　　　 )

**4** 레오나르도 다 빈치가 남긴 것 가운데 의학 발전에 도움을 준 것은 무엇인지 찾아 색칠하세요.

| 비행기 설계도 | 인체 해부도 | 인물 조각상 |
|---|---|---|

 **용어풀이**
- **베로키오** 르네상스 시대에 피렌체를 중심으로 활약한 이탈리아의 조각가이자 화가.
- **메디치 가문** 르네상스 시대에 이탈리아 피렌체를 지배한 가문.
- **인체 해부도** 사람 몸의 내부 구조를 자세하게 그린 그림.
- **설계도** 건축, 기계 등의 구조, 모양, 길이 등을 계획하여 그린 그림.

르네상스 시대의 사람들은 자연을 자세히 관찰하면서 새로운 사실들을 알아냈어요. 르네상스 이전까지 사람들은 우주의 중심은 지구이고, 태양과 별들이 지구 주위를 돌고 있다는 천동설을 믿었어요. 그런데 천동설에 의심을 품은 폴란드의 천문학자 코페르니쿠스가 오랫동안 우주를 관찰하고서는 다른 주장을 폈어요.

"태양과 별들이 지구 주위를 도는 것이 아니라, 지구와 다른 별들이 태양의 주위를 도는 것입니다."

코페르니쿠스의 이런 주장을 '지동설'이라고 해요. 코페르니쿠스는 자신의 생각과 주장을 담아 책으로 내놓았지만 사람들은 그의 말을 믿지 않았어요. 그런데 17세기에 이탈리아의 과학자 갈릴레이가 자신이 만든 망원경으로 우주를 관찰해 코페르니쿠스의 주장이 옳다는 것을 확인했어요.

갈릴레이도 지동설을 주장하자, 천동설을 지지하던 가톨릭 교회에서 갈릴레이를 두고 종교 재판[*]을 열었어요. 종교 재판에서는 갈릴레이에게 지동설이 틀렸다는 것을 인정하고, 다시는 지동설을 주장하지 말라고 했어요. 결국 갈릴레이는 교회의 요구대로 하겠다고 맹세하고 풀려났어요.

1543년
코페르니쿠스가 책을 통해
지동설을 발표함.

1633년
갈릴레이가 종교 재판을 받음.

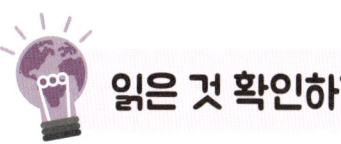
**1** 천동설과 지동설에 대한 설명으로 알맞은 것을 찾아 줄로 이으세요.

| 천동설 | ● | ● | 지구와 다른 별들이 태양의 주위를 돌아요. |
| 지동설 | ● | ● | 우주의 중심은 지구이고, 태양과 별들이 지구의 주위를 돌아요. |

**2** 지동설을 주장한 폴란드의 천문학자 이름을 쓰세요.

_____

**3** 코페르니쿠스의 지동설이 옳다는 것을 확인한 이탈리아의 과학자를 찾아 ○ 하세요.

| 갈릴레이 | 프톨레마이오스 | 라파엘로 |

**4** 갈릴레이에 대한 글을 읽고, '맞아요'와 '틀려요' 중에서 알맞은 쪽에 색칠하세요.

| • 망원경을 만들어 우주를 관찰했어요. | 맞아요 | 틀려요 |
| • 지동설을 믿었어요. | 맞아요 | 틀려요 |
| • 종교 재판에서 끝까지 지동설을 주장했어요. | 맞아요 | 틀려요 |

 • **종교 재판** 로마 가톨릭 교회에서 행하여진 종교적 재판. 이 재판을 통해 교회의 원리나 가르침에 어긋나는 사람을 가려내어 가두거나 처형했음.

# **4일차 소아시아를 중심으로 번성한 오스만 제국**

13세기 말, 아시아 대륙의 서쪽 끝에 있는 소아시아 지역에서 튀르크족 가운데 하나인 오스만족이 튀르크 전사들을 모아 힘을 키웠어요. 그 뒤 오스만 제국을 세우고 여러 나라를 정복하면서 조금씩 영토를 넓혀 갔어요.

제7대 술탄인 메흐메트 2세는 약 20만 명의 대군을 이끌고 콘스탄티노폴리스를 점령해 비잔티움 제국을 멸망시켰어요. 그리고 콘스탄티노폴리스를 오스만 제국의 수도로 삼고, '이스탄불'로 이름을 바꾸었어요.

제9대 술탄인 셀림 1세는 시리아와 이집트를 정복했어요. 셀림 1세의 아들인 술레이만 1세는 발칸반도와 헝가리, 북아프리카까지 점령했지요. 또 넓은 땅을 잘 다스리기 위해 이슬람법을 보완한 법전을 만들었어요.

오스만 제국에는 문화와 종교가 다른 다양한 민족이 살았어요. 오스만 제국은 이들의 문화와 종교를 존중해 주었어요. 세금을 내는 민족에게는 같은 종교를 가진 사람들끼리 모여 사는 것도 허용했지요.

오스만 제국의 수도 이스탄불은 유럽과 아시아 사이에 위치해 있었어요. 그래서 세계 곳곳의 상인들이 이스탄불로 모여들었고, 덕분에 오스만 제국은 무역을 통해 번영을 이루었어요.

▲ 오늘날의 이스탄불

1299년
오스만 제국이 세워짐.

1453년
오스만 제국이
콘스탄티노폴리스를 점령함.

# 읽은 것 확인하기

**1** 오스만족이 소아시아 지역에 세운 나라의 이름을 쓰세요.

✎ _____

**2** 오스만 제국의 수도를 찾아 ○ 하세요.

| 델리 | 메디나 | 이스탄불 |
|---|---|---|

**3** 오스만 제국의 술탄이 한 일로 알맞은 것을 찾아 줄로 이으세요.

| 시리아와 이집트를 정복했어요. | • | • | 메흐메트 2세 |
|---|---|---|---|
| 발칸반도, 헝가리, 북아프리카를 점령했어요. | • | • | 셀림 1세 |
| 비잔티움 제국을 멸망시켰어요. | • | • | 술레이만 1세 |

**4** 오스만 제국에 대한 글을 읽으면서 알맞은 말에 ○ 하세요.

오스만 제국의 수도인 이스탄불은 유럽과 ( 아프리카 / 아시아 )의 사이에 위치해 있어서 세계 곳곳의 상인들이 많이 모여들었어요.

- **셀림 1세** 오스만 제국의 제9대 술탄으로, 오스만 제국의 영토를 2배 이상 넓힘.
- **술레이만 1세** 오스만 제국의 전성기를 이룩한 오스만 제국의 제10대 술탄.
- **발칸반도** 유럽 대륙 동남부에 있는 지역으로, 그리스와 불가리아 등의 나라가 있음.
- **이슬람법** 이슬람교의 경전과 무함마드의 말과 행동을 중심으로 한 이슬람교의 법.
- **보완** 모자라거나 부족한 것을 보충하여 완전하게 함.

# 낱말 퍼즐

글을 읽고, 해당하는 낱말을 글자판에서 찾아 ◯로 묶으세요.
낱말은 가로, 세로로 찾을 수 있어요.

| 보 | 단 | 보 | 티 | 첼 | 리 |
|---|---|---|---|---|---|
| 카 | 테 | 베 | 로 | 키 | 오 |
| 치 | 망 | 원 | 경 | 안 | 경 |
| 오 | 최 | 후 | 의 | 만 | 찬 |
| 거 | 르 | 네 | 상 | 스 | 학 |
| 울 | 튀 | 르 | 크 | 족 | 자 |

**1** 14세기 유럽에서 일어난 것으로, 인간 중심의 고대 그리스·로마 문화를 되살리려는 운동을 말해요.

**2** 《데카메론》을 통해 인간의 감정을 솔직하게 표현한 르네상스 시대의 작가예요.

**3** 이탈리아의 화가이자 조각가로, 레오나르도 다 빈치의 스승이에요.

**4** 레오나르도 다 빈치가 3년에 걸쳐 수도원 벽에 그린 그림이에요.

**5** 갈릴레이가 우주를 관찰할 때 사용했던 물건이에요.

**6** 오스만 제국을 세운 오스만족이 속한 민족의 이름이에요.

# 예술가들과 학자들을 후원한 메디치 가문

15~16세기 이탈리아의 피렌체는 부유한 상인 가문인 메디치 가문이 지배했어. 메디치 가문은 모직물과 가죽 제품을 거래해서 큰돈을 벌었고, 그 돈으로 은행업을 해서 더 부유해졌지. 15세기 중반 무렵 메디치 가문을 이끈 로렌초 데 메디치는 그리스·로마 문화를 좋아했어.

그래서 피렌체에서 활동하는 예술가와 학자들을 아낌없이 후원했지. 레오나르도 다 빈치, 미켈란젤로 같은 예술가들과 많은 학자들이 그의 후원을 받아 돈 걱정 없이 마음껏 작품 활동을 할 수 있었어. 그 덕분에 피렌체는 르네상스의 중심 도시가 되었단다.

▲ 메디치 가문을 나타내는 문장

# 오스만 제국의 막강한 군대, 예니체리

오스만 제국에는 술탄을 지키는 '예니체리'라는 부대가 있었어. 오스만 제국은 정복한 지역에서 크리스트교를 믿는 소년들을 뽑아 이슬람교를 믿도록 하고 엄격한 군사 훈련을 실시해 군인으로 만들었는데, 이들이 바로 예니체리야. 예니체리는 결혼할 수 없고, 오직 술탄에게만 충성해야 했어. 술탄은 예니체리 덕분에 강력한 권력을 가지고 제국을 다스릴 수 있었지. 수많은 전쟁을 승리로 이끈 예니체리는 점점 권력이 커져 오스만 제국의 중요한 자리를 많이 차지하게 되었어.

# 5 일차 인도로 가는 새 바닷길을 찾아 나선 포르투갈

십자군 전쟁으로 동양과 서양의 교류가 활발해지면서 15세기 유럽에는 동방의 물건이 많이 들어왔어요. 동방의 물건은 유럽 사람들에게 인기가 좋았어요. 특히 고기 맛을 돋우는 후추, 계피와 같은 향신료가 가장 인기였지요.

향신료는 주로 인도에서 났어요. 당시 오스만 제국은 유럽에서 인도로 가는 바닷길의 길목을 차지한 채 이탈리아 상인하고만 거래를 했어요. 이탈리아 상인들은 유럽 사람들에게 향신료를 아주 비싸게 팔았지요.

"동방에 가서 직접 향신료를 사면 훨씬 싸게 살 수 있을 거야."

향신료를 비싸게 사야 했던 유럽의 여러 나라는 인도로 가는 새로운 바닷길을 찾아 나섰어요. 엔히크 왕자*의 지원을 받아 포르투갈이 앞장섰어요. 그들은 아프리카의 해안선을 따라 인도로 가는 바닷길을 찾아 떠났어요.

그 결과 1488년에 포르투갈의 항해가인 바르톨로메우 디아스가 아프리카 남쪽 끝까지 가서 희망봉*을 발견했어요. 10년 뒤 바스쿠 다 가마*는 배를 타고 희망봉을 거쳐 인도양을 지나 인도의 캘리컷*에 도착했어요. 마침내 유럽 사람들이 인도로 가는 새 바닷길을 여는 데 성공한 것이지요.

▲ 바스쿠 다 가마의 탐험로

1488년
바르톨로메우 디아스가
희망봉을 발견함.

1498년
바스쿠 다 가마가
인도에 도착함.

**1** 15세기 유럽 사람들에게 가장 인기가 많았던 동방의 물건은 무엇인지 찾아 ○ 하세요.

| 비단 | 향신료 | 소금 |
|---|---|---|

**2** 유럽 사람들에게 향신료를 아주 비싸게 판 사람들은 누구인지 찾아 색칠하세요.

　에스파냐 상인　　　　포르투갈 상인　　　　이탈리아 상인

**3** 유럽의 여러 나라가 인도로 가는 새로운 길을 찾아 나선 이유를 고르세요.　　　　（　　　　）

① 향신료를 싸게 사기 위해서예요.

② 노예를 싸게 사기 위해서예요.

③ 인도에 향신료를 팔기 위해서예요.

④ 인도를 정복하기 위해서예요.

**4** 희망봉을 거쳐 인도 캘리컷에 도착해 새 바닷길을 연 항해가의 이름을 쓰세요.

✎ _____

**용어풀이**
• **엔히크 왕자** 포르투갈의 왕인 주앙 1세의 셋째 아들.
• **희망봉** 남아프리카 공화국 서남쪽 끝에 바다 쪽으로 뾰족하게 뻗은 육지.
• **바스쿠 다 가마** 포르투갈의 항해가로, 포르투갈 왕의 지원을 받아 인도로 가는 바닷길을 엶.
• **캘리컷** 인도 서남쪽 아라비아해에 접하여 있는 항구 도시.

이탈리아의 탐험가인 콜럼버스도 인도로 가는 새로운 바닷길을 찾고 싶었어요. 그는 지구가 둥글다는 것을 믿고 배를 타고 서쪽으로 계속 가면 인도에 도착할 수 있다고 생각했어요.

콜럼버스는 에스파냐의 이사벨 1세에게 항해* 지원을 받아, 1492년 8월에 인도로 가는 첫 항해를 시작했어요. 대서양 서쪽으로 계속 나아가 두 달 뒤 육지에 다다랐는데, 콜럼버스 일행은 그곳이 인도라고 생각했어요. 그래서 주변 섬들을 '서인도 제도'라고 부르고, 그곳 원주민들을 '인도 사람'이라는 뜻으로 '인디언'이라고 불렀어요. 하지만 콜럼버스가 도착한 곳은 인도가 아니라 지금의 아메리카 대륙의 어느 섬이었어요. 결국 콜럼버스는 향신료를 구하지 못한 채 돌아왔지요. 그 뒤 세 번이나 더 아메리카 대륙에 다녀왔지만, 콜럼버스는 죽을 때까지 자신이 발견한 땅을 인도라고 믿었어요.

콜럼버스가 아메리카 대륙을 발견한 지 7년이 지났을 무렵, 아메리고 베스푸치가 아메리카 대륙을 탐험하다 그곳이 인도가 아닌 새로운 땅이라는 것을 알아냈어요. 그 뒤 독일의 지리학자가 지도에 새로운 땅의 이름을 아메리고의 이름을 딴 아메리카로 표시하면서 아메리카라 불리게 되었어요.

▲ 콜럼버스

1492년
콜럼버스가 아메리카
대륙에 도착함.

1499년
아메리고 베스푸치가
아메리카 대륙에 도착함.

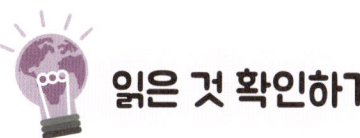

## 읽은 것 확인하기

**1** 콜럼버스에 대한 설명으로 맞는 것을 고르세요.              (            )

① 포르투갈 왕의 지원을 받았어요.

② 인도로 가는 새로운 바닷길을 찾아 떠났어요.

③ 대서양 동쪽으로 계속 항해했어요.

④ 인도에 도착해 향신료를 구했어요.

**2** 콜럼버스가 서쪽으로 항해해 도착한 곳은 지금의 어디인지 찾아 ○ 하세요.

| 아메리카 대륙 | 아시아 대륙 | 아프리카 대륙 |
| --- | --- | --- |

**3** 콜럼버스는 아메리카 대륙의 주변 섬들을 무엇이라고 불렀는지 쓰세요.

✎ _____

**4** 빈 곳에 들어갈 말을 〈보기〉에서 찾아 쓰세요.

보기

인도

이탈리아

콜럼버스는 _____ 의 탐험가로, 자신이

발견한 땅을 _____ 라고 믿었어요.

용어
풀이

• **이사벨 1세** 에스파냐의 여왕으로, 콜럼버스의 신대륙 발견을 지원함.

• **항해** 배를 타고 바다 위를 다님.

• **서인도 제도** 중앙아메리카의 동쪽 바다에 활 모양으로 흩어져 있는 섬의 무리.

• **원주민** 그 지역에 원래부터 살고 있는 사람들.

• **아메리고 베스푸치** 이탈리아의 항해가이자 탐험가.

# 7 일차 중앙아메리카를 차지한 아스테카 제국

오늘날 멕시코의 수도인 멕시코시티에는 아주 오래전에 아스테카 제국이 있었어요. 아스테카 제국은 12세기 초반에 멕시코 북쪽에서 내려온 아스테카 사람들이 세운 왕국이에요.

아스테카 사람들이 멕시코고원으로 내려왔을 때 텍스코코호* 주변에는 여러 도시 국가들이 자리 잡고 있었어요. 그래서 아스테카 사람들은 텍스코코호 안의 섬에 도시를 건설했어요. 이 도시의 이름은 '테노치티틀란'으로, 나중에 아스테카 제국의 수도가 되지요.

처음에 아스테카 사람들은 다른 도시 국가의 용병을 하며 살았어요. 하지만 점차 힘을 길러 제4대 왕 이트스코아틀 때에는 이웃 도시 국가인 틀라코판, 텍스코코와 동맹*을 맺고, 다른 도시 국가들을 차례로 정복했어요. 이 동맹 국가들은 중앙아메리카* 대부분을 차지하는 제국을 건설했는데, 이것이 아스테카 제국이에요.

아스테카 사람들은 그림 문자를 사용했고, 태양신을 비롯해 비, 바람 같은 자연의 신을 믿었어요. 그리고 피라미드 모양의 신전을 지었으며, 제사를 지낼 때 산 사람의 심장을 제물로 바쳤어요.

▲ 텍스코코호와 도시 국가들

1325년경
도시 국가인 테노치티틀란이 세워짐.

1521년
에스파냐 군대가 아스테카 제국을 정복함.

**1** 오늘날 어느 도시에 아스테카 제국이 있었는지 찾아 색칠하세요.

쿠스코      멕시코시티      리마

**2** 텍스코코호의 섬에 건설된 도시로, 아스테카 제국의 수도가 된 곳의 이름을 쓰세요.

✎ _____

**3** 아스테카 사람들이 동맹을 맺은 도시 국가를 모두 찾아 ○ 하세요.

| 틀라코판 | 마추픽추 | 쿠스코 | 텍스코코 |
|---|---|---|---|

**4** 아스테카 사람들에 대한 설명으로 <u>틀린</u> 것을 고르세요.      (      )

① 태양신을 믿었어요.

② 피라미드 모양의 신전을 지었어요.

③ 살아 있는 동물을 제물로 바쳤어요.

④ 그림 문자를 사용했어요.

 **용어풀이**
- **텍스코코호** 멕시코고원에 있던 얕은 호수. 지금은 메워져 멕시코시티가 자리 잡고 있음.
- **동맹** 둘 이상의 개인이나 나라 등이 이익을 위해서 서로 도울 것을 약속하는 결합.
- **중앙아메리카** 남아메리카와 북아메리카 대륙을 연결하는 좁은 지역.

# 안데스 지방을 지배한 잉카 제국

아스테카 제국이 번영할 즈음, 남아메리카에서는 잉카 제국이 번성했어요. 잉카 사람들은 13세기에 안데스산맥의 쿠스코*에 수도를 세우고 세력을 키워 나갔어요. 15세기 중엽에는 전쟁을 통해 중앙 안데스 지방 대부분을 정복하여 페루와 콜롬비아, 칠레 지역을 아우르는 대제국을 건설했지요.

잉카 사람들은 같은 조상을 둔 사람들끼리 한곳에 모여 마을을 이루어 살았어요. 산을 깎아 계단식 밭을 만들고, 옥수수를 비롯한 여러 곡식을 재배해 풍요롭게 생활했지요. 또 산을 다듬어 제국 곳곳을 연결하는 도로를 만들었어요. 돌을 깎아 집을 짓는 기술도 아주 뛰어났는데, 잉카 사람들이 지은 집은 아주 정교해서 종이 한 장도 들어갈 틈이 없었어요.

잉카 사람들은 동물의 털로 옷감을 짜서 입고, 토기*를 만들어 사용했어요. 문자는 없었지만, 끈으로 매듭을 지어 숫자를 표현했지요.

잉카 제국이 번성했을 때 지어진 도시인 마추픽추*는 오늘날까지도 그 흔적이 남아 있어 잉카 제국의 문화를 엿볼 수 있어요.

▲ 마추픽추

1200년대
잉카 제국이
세워짐.

1400년대 중반
광대한 제국으로
발전함.

1533년
잉카 제국이
멸망함.

## 읽은 것 확인하기

**1**  잉카 제국에 대한 글을 읽고, 빈 곳에 알맞은 말을 쓰세요.

> 13세기 잉카 사람들이 안데스산맥에 세운 잉카 제국은 _____ 에 수도를
>
> 세우고 세력을 키웠어요. 그리고 15세기 중엽에는 중앙 _____ 지방 대
>
> 부분을 정복하여 대제국을 건설했어요.

**2**  잉카 제국에 포함되는 지역을 모두 찾아 ⌒로 묶으세요.

페루                멕시코                브라질

콜롬비아                칠레

**3**  잉카 사람들에 대한 설명으로 맞는 것을 모두 고르세요.                (       ,       )

① 바닷가에서 마을을 이루어 살았어요.

② 산을 깎아 계단식 밭을 만들고 곡식을 재배했어요.

③ 돌을 깎아 집을 짓는 기술이 뛰어났어요.

④ 쐐기 문자를 사용했어요.

**4**  잉카 제국이 번성했을 때의 도시로, 잉카 제국의 문화를 엿볼 수 있는 곳은 어디인지 알맞은 글자를 모
두 찾아 색칠하세요.

쿠        마        스        추        안        픽        추        데

**용어 풀이**

• **쿠스코** 페루 동남쪽, 안데스산맥에 있는 높은 산골짜기의 평평한 지형에 발달한 도시.

• **토기** 원시 시대에 쓰던, 흙으로 만든 그릇.

• **마추픽추** 페루의 까마득히 높은 산에 세워진 잉카 제국의 옛 도시. 높이 2,430미터의 험한 산 위에
튼튼한 성과 궁궐, 무덤과 수많은 집들이 모여 있음.

# 에스파냐에 무너진 아스테카 제국과 잉카 제국

1519년 아스테카에 에스파냐의 탐험가 코르테스*가 군인들을 데리고 나타났어요. 아스테카 사람들은 그들을 무척 반겼어요. 코르테스가 아스테카의 전설에 나오는 신이라고 생각했기 때문이지요. 하지만 코르테스는 황금을 빼앗기 위해 아스테카 황제를 가두고, 아스테카 사람들을 총과 대포로 마구 죽였어요. 아스테카 사람들은 에스파냐 군대와 맞서 싸웠어요. 그러나 천연두가 퍼져서 수많은 아스테카 사람들이 죽고 말았어요. 결국 아스테카 제국은 에스파냐의 식민지가 되었지요.

이와 같은 불행은 잉카 제국에서도 일어났어요. 1531년에 피사로가 이끄는 에스파냐 군대가 잉카 제국에 들어왔어요. 그들은 잉카 황제에게 크리스트교를 믿으라고 강요했어요. 황제가 거절하자 피사로는 그를 사로잡아 가두었지요. 피사로는 잉카 황제에게 엄청난 양의 황금을 주면 풀어 주겠다고 말했어요. 하지만 약속과 달리 피사로 일행은 황제와 잉카 사람들을 죽이고, 잉카 제국의 수도인 쿠스코를 차지해 버렸어요. 결국 잉카 제국은 1533년에 멸망했지요.

1519년
코르테스가
아스테카에 옴.

1521년
아스테카 제국이
멸망함.

1533년
잉카 제국이
멸망함.

# 읽은 것 확인하기

**1** 아스테카 사람들이 코르테스를 반긴 이유로 맞는 것을 고르세요.                    (           )

① 코르테스가 선물을 많이 가져왔기 때문이에요.

② 코르테스가 아스테카 황제에게 충성을 맹세했기 때문이에요.

③ 코르테스가 아스테카의 전설에 나오는 신이라고 생각했기 때문이에요.

④ 코르테스가 향신료를 가져왔기 때문이에요.

**2** 에스파냐와 싸울 때 수많은 아스테카 사람들을 죽게 한 병은 무엇인지 쓰세요.

✎ _____

**3** 빈 곳에 들어갈 말을 〈보기〉에서 찾아 쓰세요.

| 보기 |
|---|
| 잉카 |
| 피사로 |

1531년 _____ 가 이끄는 에스파냐 군대가

_____ 제국에 들어와 황제와 잉카 사람

들을 죽였어요.

**4** 피사로가 잉카 황제에게 달라고 한 것은 무엇인지 찾아 ○ 하세요.

| 비단 | 사탕수수 | 황금 | 은 |
|---|---|---|---|

**용어풀이**

• **코르테스** 에스파냐의 멕시코 정복자. 아스테카 제국을 정복하고, 에스파냐 식민지를 건설하여 총독이 됨.

• **천연두** 천연두 바이러스가 일으키는 전염병. 열이 몹시 나고 온몸에 작은 종기가 돋음.

• **식민지** 힘이 센 다른 나라에게 정치적, 경제적으로 지배를 받는 나라.

• **피사로** 에스파냐의 탐험가. 잉카 제국을 정복하고 오늘날 페루의 수도인 리마를 건설함.

# 10 일차 아프리카 원주민의 비극

에스파냐와 포르투갈이 남아메리카를 정복하자 영국, 프랑스, 네덜란드 등은 북아메리카로 몰려왔어요. 새로운 땅을 얻은 유럽 사람들은 아메리카에 사탕수수\*, 담배, 목화\* 등을 기르는 큰 농장을 지었어요.

아메리카 농장에서는 일할 사람이 많이 필요했어요. 그래서 유럽 상인들은 서아프리카 해안에서 원주민들을 사서 아메리카 농장 주인들에게 노예로 팔기 시작했어요. 유럽 상인들이 노예 무역\*으로 큰돈을 벌자 유럽의 많은 나라도 노예 무역에 뛰어들었어요.

유럽 상인들에게 아프리카 원주민을 노예로 파는 사람은 아프리카 부족장들이었어요. 아프리카에서는 여러 부족끼리 싸움이 끊이지 않았는데, 싸움에서 이긴 부족장이 진 부족의 사람들을 잡아 유럽 상인에게 노예로 팔고 그 대가로 총과 화약, 술 같은 것을 받았지요.

아메리카에 농장이 많아질수록 노예가 더 많이 필요해졌어요. 그러자 유럽 사람들은 직접 원주민들을 총으로 위협하거나 마을에 불을 지른 뒤 잡아가 팔기도 했어요. 노예로 팔려 간 아프리카 원주민들은 대부분 인간이 아닌 동물 취급을 받으며 죽을 때까지 고된 일을 해야 했어요.

▲ 아프리카 노예상

15세기경
아프리카에서
노예 무역이 시작됨.

1800년대 초
노예 무역이 금지됨.

**1** 노예 무역에 대한 글을 읽으면서 알맞은 말에 ○ 하세요.

> ( 아메리카 / 아프리카 ) 농장에서 일할 사람이 많이 필요해지자, ( 유럽 / 아메리카 )
> 상인들은 아프리카 원주민을 사서 농장 주인들에게 노예로 팔았어요. 이런 노예 무역
> 으로 유럽 상인들은 큰돈을 벌었어요.

**2** 유럽 상인들이 아메리카 농장에서 일할 노예를 어디에서 샀는지 찾아 색칠하세요.

| 동아시아 해안 | 서아프리카 해안 | 서유럽 해안 |
|:---:|:---:|:---:|

**3** 아프리카 부족장들이 유럽 상인에게 노예를 판 대가로 받지 <u>않은</u> 것을 찾아 ○ 하세요.

| 총 | 화약 | 창 | 술 |
|:---:|:---:|:---:|:---:|

**4** 노예 무역에 대한 설명으로 <u>틀린</u> 것을 고르세요.                    (         )

① 유럽 상인들이 아프리카에서 노예를 샀어요.

② 유럽의 많은 나라가 노예 무역에 뛰어들었어요.

③ 유럽 사람들이 직접 원주민을 잡아가기도 했어요.

④ 팔려 간 노예들은 10년 동안만 일하고 풀려났어요.

 용어 풀이
- **사탕수수** 줄기에서 짠 즙으로 설탕을 만드는 풀.
- **목화** 솜을 만드는 솜털이 나는 풀.
- **노예 무역** 노예를 상품처럼 사고파는 무역.

글을 읽고, 해당하는 낱말을 글자판에서 찾아 ◯로 묶으세요.
낱말은 가로, 세로로 찾을 수 있어요.

| | | | | | |
|---|---|---|---|---|---|
| 텍 | 프 | 알 | 엔 | 페 | 루 |
| 스 | 랑 | 프 | 히 | 영 | 잉 |
| 코 | 스 | 스 | 크 | 국 | 카 |
| 코 | 코 | 르 | 테 | 스 | 드 |
| 호 | 부 | 족 | 장 | 국 | 산 |
| 에 | 스 | 파 | 냐 | 왕 | 맥 |

 1 포르투갈이 인도로 가는 새로운 바닷길을 찾는 데 지원을 한 왕자의 이름이에요.

 2 콜럼버스의 인도 항해를 지원해 준 나라예요.

 3 아스테카 제국의 수도인 테노치티틀란이 있던 호수의 이름이에요.

 4 안데스산맥의 쿠스코에 수도를 세우고 중앙 안데스 지방 대부분을 정복한 제국이에요.

 5 에스파냐의 탐험가로, 아스테카 제국에 군대를 이끌고 쳐들어간 사람이에요.

 6 아프리카에서 원주민들을 유럽 상인들에게 노예로 판 사람들이에요.

## 아메리카에 황금 도시가 있다고?

유럽 사람들 사이에서는 아메리카에 '엘도라도'라는 황금 도시가 있다는 소문이 돌았어. 엘도라도에는 옷과 장식품, 무기, 건물 등 모든 것이 황금으로 되어 있다고 믿었지. 유럽에서 온 수많은 탐험가가 이 도시를 찾아다녔지만 그 누구도 찾지는 못했어. 남아메리카의 전설에 따르면 콜롬비아의 구아타비타 호수 주변에 살았던 원주민 족장이 온몸에 금가루를 칠한 다음 배에 황금을 싣고 호수로 나가 종교 의식을 치렀는데, 이 이야기가 전해져 황금 도시에 대한 소문이 났다고 해.

## 노예를 실어 나르던 죽음의 배

아프리카에서 사들인 노예들은 노예선을 타고 아메리카로 보내졌어. 노예들은 쇠고랑에 묶인 채 짐짝처럼 실려 끌려갔지. 유럽 상인들은 최대한 많은 노예를 노예선에 태우려고 노예들을 배 밑바닥에 눕혀서 조금의 여유 공간도 없이 붙어 있게 했어. 아프리카에서 아메리카까지 가는 데 대략 5주 정도 걸렸는데, 그동안 노예들은 음식도 거의 먹지 못하고 움직이지도 못했지. 게다가 배 안은 너무 더러워서 노예의 절반 이상이 아메리카에 도착하지도 못하고 병에 걸려 배 안에서 죽고 말았어.

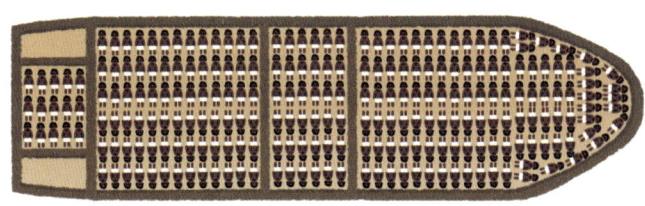

▲ 아메리카로 가던 노예선

# 루터가 일으킨 종교 개혁

"면벌부*를 사세요. 모든 죄를 용서받고 천국에 갈 수 있습니다."

16세기 초 가톨릭 교회는 신자들에게 돈을 받고 면벌부를 팔았어요. 교황 레오 10세는 성 베드로 성당*을 고치는 데 돈이 많이 필요해지자 면벌부를 팔아 돈을 마련하려고 했어요.

가톨릭 교회는 주로 왕권이 약했던 독일에서 면벌부를 팔았어요. 독일 대학에서 신학*을 가르치던 루터는 가톨릭 교회를 비판하며 교회의 잘못된 점 95가지를 꼬집은 《95개조 반박문》을 발표했어요. 루터는 진심으로 잘못을 뉘우치면 면벌부 없이도 죄를 용서받을 수 있다고 주장했지요. 화가 난 교황은 루터를 교회에서 쫓아냈지만 루터의 반박문은 독일에 널리 퍼졌고, 루터는 독일 사람들의 지지를 받았어요.

이러한 루터의 행동은 종교 개혁의 시작이 되어 유럽 곳곳으로 퍼져 나갔어요. 프랑스 출신의 신학자* 칼뱅은 인간의 구원은 이미 정해져 있고, 각자 맡은 일을 열심히 하며 검소하게 살아야 한다고 주장했어요.

종교 개혁으로 인해 유럽에는 교황의 지배를 받지 않는 새로운 교회들이 등장했어요. 이런 교회를 '프로테스탄트 교회'라고 해요.

MARTIN LUTHER

▲ 루터의 동상

1517년
🔘
루터가 《95개조 반박문》을
발표함.

1555년
🔘
프로테스탄트 교회가
공식적으로 인정받음.

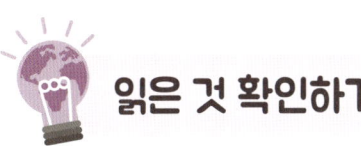

# 읽은 것 확인하기

**1** 가톨릭 교회가 한 일에 대한 글을 읽고, 빈 곳에 알맞은 말을 쓰세요.

> 16세기 초 가톨릭 교회는 성 베드로 성당을 고치기 위한 돈을 마련하기 위해 신자들
>
> 에게 _____ 를 팔았어요.

**2** 루터에 대한 설명으로 맞는 것을 모두 고르세요.　　　　　　　( 　　, 　　 )

① 프랑스의 신학자였어요.

② 가톨릭 교회를 비판했어요.

③ 면벌부로 죄를 용서받을 수 있다고 주장했어요.

④ 《95개조 반박문》을 발표했어요.

**3** 인간의 구원은 이미 정해져 있다고 주장한 프랑스 신학자는 누구인지 이름을 쓰세요.

_____

**4** 종교 개혁으로 유럽에 새롭게 등장한 교회는 무엇인지 찾아 ○ 하세요.

| 그리스 정교회 | 가톨릭 교회 | 프로테스탄트 교회 |
|---|---|---|

**용어 풀이**

• **면벌부** 중세에 로마 가톨릭 교회가 돈이나 재물을 바친 사람에게 그 죄를 용서한다는 뜻으로 주던 문서.

• **성 베드로 성당** 바티칸에 있는 대성당으로, 예수의 제자인 베드로의 무덤 위에 세워짐.

• **신학** 신과 인간 세계의 관계 또는 종교의 교리와 신앙생활의 윤리 등을 연구하는 학문.

• **신학자** 종교의 진리에 대해 연구하는 사람.

영국에서도 종교 개혁이 일어났어요. 영국의 종교 개혁은 다른 나라와 달리 국왕인 헨리 8세가 이끌었어요.

헨리 8세는 아내인 왕비 캐서린이 왕위를 물려줄 아들을 낳지 못하자 그녀와 이혼하고 젊은 시녀인 앤 불린과 결혼하려 했어요. 그래서 교황에게 이혼을 허락해 달라고 요청했지요. 하지만 교황은 이혼을 금지하는 교회법*을 어길 수 없다며 허락하지 않았어요.

화가 난 헨리 8세는 교황의 말을 무시하고 왕비와 이혼한 뒤 앤 불린과 결혼했어요. 그리고 영국 교회는 교황과의 관계를 끊겠다고 선언했어요.

"이제부터 교황의 간섭을 받지 않고, 영국 교회는 내가 이끌 것이다."

헨리 8세는 1534년에 영국의 공식 종교인 '영국 국교회*'를 만들었어요. 그리고 자신이 모든 영국 교회의 우두머리가 되었어요. 하지만 영국 국교회의 교리*는 가톨릭 교회와 크게 다르지 않았어요. 종교 개혁이 일어난 이유가 종교의 부패나 신앙 때문이 아니라 국왕의 이혼이었기 때문이에요.

1509년
헨리 8세가 왕이 됨.

1534년
영국 국교회가 만들어짐.

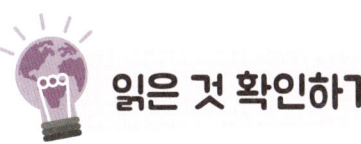

## 읽은 것 확인하기

📅 읽은 날짜 :　　월　　일

**1** 영국의 종교 개혁을 이끈 사람은 누구인지 찾아 ○ 하세요.

| | | |
|---|---|---|
| 교황 | 국왕 헨리 8세 | 왕비 캐서린 |

**2** 헨리 8세에 대한 글을 읽고, 빈 곳에 알맞은 말을 쓰세요.

헨리 8세는 ＿＿＿＿＿＿＿이 교회 법으로 인해 왕비 캐서린과의 이혼을 허락하지 않자,

교황과의 관계를 끊고 ＿＿＿＿＿＿＿를 직접 이끌겠다고 선언했어요.

**3** 헨리 8세가 1534년에 만든 영국의 공식 종교는 무엇인지 쓰세요.

**4** 영국의 종교 개혁에 대한 설명으로 **틀린** 것을 고르세요.　　　　　(　　　　)

① 국왕인 헨리 8세의 이혼 때문에 시작되었어요.

② 교황과 관계를 끊고 새로운 종교를 만들었어요.

③ 헨리 8세가 영국 모든 교회의 우두머리가 되었어요.

④ 가톨릭 교회의 교리를 부정하고 새로운 교리를 만들었어요.

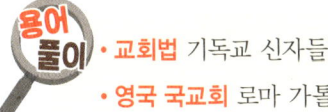
• **교회법** 기독교 신자들의 신앙, 윤리, 훈련 및 교회 기구 운영에 관한 법.

• **영국 국교회** 로마 가톨릭 교회에서 갈라져 나와 영국 국왕을 우두머리로 하여 성립된 교회.

• **교리** 종교의 기본 원리와 가르침.

# 13 일차 한족이 다시 세운 국가, 명나라

원나라 말기에는 백성들이 살기 어려워지자 곳곳에서 반란을 일으켰어요. 그 가운데 한족* 출신의 농민인 주원장이 1368년에 난징을 수도로 삼고 명나라를 세웠어요. 그리고 원나라를 북쪽으로 몰아냈어요.

명나라의 첫 번째 황제가 된 주원장은 원나라의 몽골 풍습을 없애고, 한족의 문화를 되살리기 위해 힘썼어요. 백성들이 몽골족 머리 모양인 변발을 하거나 몽골 옷을 입는 것을 금지하고, 과거 한족이 세운 왕조인 한나라와 당나라의 유교 전통을 되살렸어요. 과거제를 다시 실시하고, 백성들에게도 유교의 가르침을 따르게 했지요.

제3대 황제인 영락제*는 수도를 베이징으로 옮기고, 황제의 권력을 강화했어요. 밖으로는 다른 나라를 정복해 영토를 넓히고, 안으로는 학자들에게 중국 최대의 백과사전인 《영락대전》을 만들게 했지요. 또 정화*를 다른 나라로 보내 명나라를 알리고 무역을 하도록 했어요.

명나라는 영락제 이후 몽골과 왜구*의 침입, 정치 혼란 등으로 점점 쇠퇴했어요. 결국 농민들의 반란으로 1644년에 멸망하고 말았어요.

유교의 가르침을
따르라!

1368년 명나라가 세워짐.　　1421년 수도를 베이징으로 옮김.　　1644년 명나라가 멸망함.

**1** 명나라를 세운 사람은 누구인지 이름을 쓰세요.

✎ _____

**2** 주원장이 한 일이 <u>아닌</u> 것을 고르세요.　　　　　　( 　　　　 )

① 원나라를 북쪽으로 몰아냈어요.

② 몽골의 풍습을 없애고 한족의 문화를 되살렸어요.

③ 과거제를 다시 실시했어요.

④ 백성들에게 불교의 가르침을 따르게 했어요.

**3** 제3대 황제인 영락제는 어디로 수도를 옮겼는지 알맞은 것을 찾아 ○ 하세요.

| 난징 | 베이징 | 광저우 |
|------|--------|--------|

**4** 영락제에 대한 설명으로 맞으면 ○, 틀리면 ✕ 하세요.

(1) 당나라의 유교 전통을 없애려고 했어요.　　　　　　　　( 　　 )

(2) 황제의 권력을 강화했어요.　　　　　　　　　　　　　( 　　 )

(3) 학자들에게 《영락대전》을 만들게 했어요.　　　　　　　( 　　 )

(4) 정화를 다른 나라로 보내 신대륙을 찾게 했어요.　　　　( 　　 )

🔍 **용어풀이**
- **한족** 중국 본토에서 예로부터 살아온, 중국의 중심이 되는 민족.
- **주원장** 농민의 아들로 태어나 반란군에 가담해 원나라를 물리치고 명나라의 황제가 됨.
- **영락제** 주원장의 넷째 아들로, 명나라의 세 번째 황제가 됨.
- **정화** 명나라 황제의 시중을 들던 관리로, 대규모 해군 부대를 거느리고 세계를 돌아다님.
- **왜구** 13세기부터 16세기까지 우리나라와 중국 해안을 드나들며 약탈을 일삼던 일본 해적.

# 14 일차 중국에 서양 문물을 전한 선교사들

16세기 말부터 중국에 유럽의 선교사들이 들어와 크리스트교를 전파했어요. 선교사들은 수학, 천문학, 지리학 같은 서양 학문을 중국에 알리는 일도 했지요. 이 시기에 중국에 들어온 대표적인 선교사로는 마테오 리치와 아담 샬이 있어요.

마테오 리치는 이탈리아 출신의 선교사로, 30여 년 동안 중국에서 선교 활동을 했어요. 그는 명나라 황제에게 자명종을 선물해서 그의 마음을 얻었어요. 또 유럽의 학술서들을 중국어로 번역해 서양 기술을 중국 사람들에게 알려 주었지요. 그가 중국에서 만든 세계 지도인 '곤여만국전도'는 중국이 세계의 중심이라고 믿었던 중국 사람들에게 큰 충격을 주었어요.

명나라 때 중국으로 건너와 청나라 때까지 활동한 독일 출신의 선교사 아담 샬은 베이징에 서양식 교회를 짓고 선교 활동을 했어요. 그는 서양의 천문학을 바탕으로 중국의 달력을 고쳐 주었으며, 대포를 제작하기도 했어요.

선교사들은 중국의 사상과 문물을 유럽으로 전하기도 했어요. 그들을 통해 중국의 유학과 차 마시는 문화, 정원 가꾸는 기술 등이 유럽에 전해졌지요.

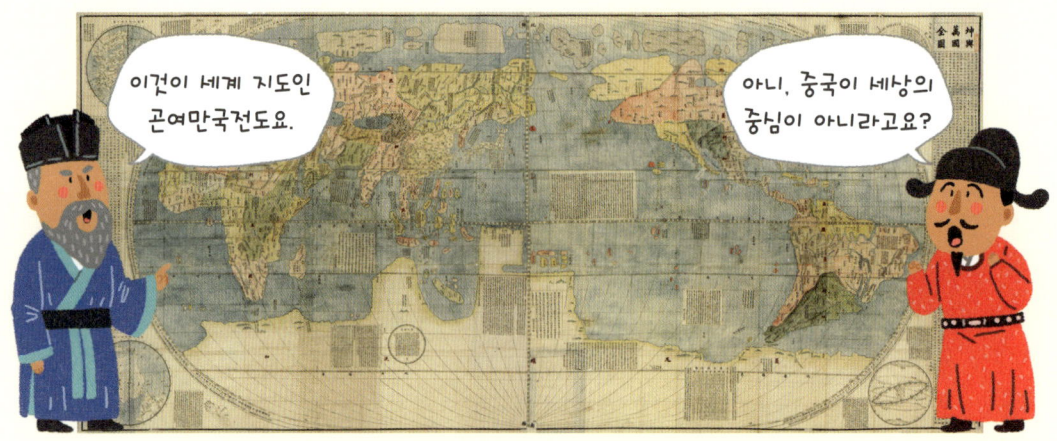

이건이 세계 지도인 곤여만국전도요.

아니, 중국이 세상의 중심이 아니라고요?

1582년
마테오 리치가
중국에 들어옴.

1622년
아담 샬이
중국에 들어옴.

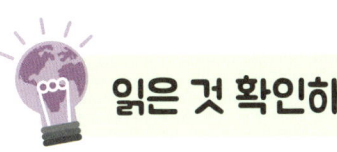
**1** 유럽의 선교사들이 중국으로 온 이유를 찾아 ○ 하세요.

| 유학을 배우기<br>위해서 | 크리스트교를 전파하기<br>위해서 | 유럽의 문화를<br>알리기 위해서 |
|---|---|---|

**2** 마테오 리치가 중국에서 만든 세계 지도는 무엇인지 쓰세요.

✎ _____

**3** 선교사 마테오 리치와 아담 샬이 한 일로 알맞은 것을 찾아 줄로 이으세요.

| 명나라 황제에게 자명종을 선물하고,<br>유럽의 학술서를 중국어로 번역했어요. | ● | ● | 마테오 리치 |
|---|---|---|---|
| 베이징에 서양식 교회를 짓고,<br>대포를 제작했어요. | ● | ● | 아담 샬 |

**4** 중국에 머물던 선교사들이 유럽에 전한 것이 **아닌** 것을 고르세요.　　　　　(　　　　　)

① 중국의 유학

② 차 마시는 문화

③ 달력 만드는 기술

④ 정원 가꾸는 기술

용어
풀이

• **선교사** 외국에 나가 종교를 널리 전하여 퍼뜨리는 사람.

• **학술서** 학문의 방법이나 이론에 관한 전문적인 내용을 담은 책.

• **사상** 어떠한 사물에 대하여 가지고 있는 구체적인 사고나 생각.

# 전국 시대와 일본의 통일

15세기 중반 일본에서는 쇼군의 힘이 약해지자 지방의 다이묘*들이 더 많은 땅을 차지하기 위해 끊임없이 싸움을 벌였어요. 이 싸움은 100년 넘게 이어졌는데, 이 시기를 '전국 시대'라고 해요.

혼란스러운 전국 시대를 끝낸 것은 오다 노부나가였어요. 그는 지방의 다이묘였는데, 일본 전체를 통일하고 싶어 했어요. 그래서 총을 가진 부대를 앞세워 전국의 중심지인 교토를 차지한 뒤 적들을 차례로 정복해 나갔어요. 하지만 통일을 이루기 직전, 오다 노부나가는 배신한 부하의 공격을 받고 싸움에서 지자 스스로 목숨을 끊었어요.

오다 노부나가가 죽은 뒤 도요토미 히데요시가 권력을 잡았어요. 오다 노부나가의 부하였던 그는 자신을 반대하는 세력을 물리치고 일본을 통일했어요. 도요토미 히데요시는 통일에 참여한 세력들이 욕심을 드러내자, 그들의 관심을 밖으로 돌리기 위해 조선으로 쳐들어갔어요. 하지만 이순신이 이끄는 조선 수군*과 의병*들의 활약, 명나라의 지원 등으로 조선을 정복하지 못하고 병으로 죽고 말았어요.

▲ 오다 노부나가의 동상

1582년
오다 노부나가가 죽음.

1590년
도요토미 히데요시가
일본을 통일함.

1598년
도요토미 히데요시가
죽음.

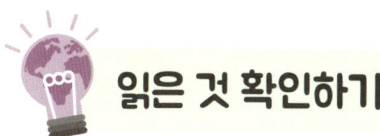 

**1** 15세기 중반부터 100년 넘게 일본의 지방 다이묘들이 끊임없이 싸움을 벌이던 시대를 무엇이라고 하는지 찾아 ○ 하세요.

| 막부 시대 | 전국 시대 | 춘추 시대 |
|---|---|---|

**2** 오다 노부나가에 대한 설명으로 맞는 것을 모두 고르세요.     (     ,     )

① 막부를 다스리던 쇼군이었어요.

② 총을 가진 부대를 앞세워 교토를 차지했어요.

③ 혼란스러운 일본을 통일했어요.

④ 스스로 목숨을 끊었어요.

**3** 전국 시대에 일본을 통일한 사람은 누구인지 이름을 쓰세요.

🖉 _____

**4** 도요토미 히데요시에 대한 글을 읽으면서 알맞은 말에 ○ 하세요.

> 도요토미 히데요시는 통일에 참여한 세력들이 욕심을 드러내자, 그들의 관심을 밖으로 돌리기 위해 ( 조선 / 베트남 )으로 쳐들어갔어요. 하지만 뜻을 이루지 못하고 ( 반란 / 병 )으로 죽고 말았어요.

 **용어풀이**
- **다이묘** 일본 각 지방의 영토를 다스리며 권력을 누린 무사.
- **수군** 조선 시대에 바다에서 공격과 방어의 임무를 수행하던 군대.
- **의병** 외적을 물리치기 위하여 백성들이 스스로 조직한 군대. 또는 그 군대의 병사.

# 16 일차 쇼군의 힘이 강했던 에도 막부

도요토미 히데요시가 죽은 뒤 그의 부하였던 도쿠가와 이에야스*가 권력을 잡았어요. 도쿠가와 이에야스는 도요토미 히데요시의 가족을 모두 죽이고, 오늘날의 도쿄인 에도에 막부를 세웠어요. 그리고 자신은 쇼군이 되었지요.

에도 막부는 지방의 다이묘들에게 땅을 주고, 그 대신 다이묘들을 강하게 통제했어요. 다이묘의 가족을 얼마 동안 에도에서 살게 하고, 다이묘도 자신이 다스리는 지방과 에도에 일정 기간 동안 번갈아 살게 했지요. 이것은 다이묘가 힘을 키우지 못하게 하기 위해서였어요. 에도 막부의 쇼군은 다이묘에게 절대적으로 복종할 것을 강요하며 막부의 권력을 강하게 만들었어요.

에도 시대에는 곳곳에 시장이 생겨나고, 전국적으로 화폐가 널리 쓰였어요. 상업과 수공업이 발달하면서 '조닌*'이라 불리는 상인과 수공업자들이 등장해 경제와 문화를 이끌었어요. 그들은 자녀들을 교육하는 학교를 세우고, 음악과 춤이 어우러진 연극 '가부키'를 즐겼어요. 에도 시대에는 정치가 안정되고 경제도 좋아져 200년 넘게 평화가 계속되었답니다.

1603년
에도 막부가 세워짐.

1867년
에도 막부가 멸망함.

**1** 도요토미 히데요시가 죽은 뒤 권력을 잡은 사람의 이름을 쓰세요.

🖉 _____

**2** 도쿠가와 이에야스가 막부를 세운 곳을 찾아 색칠하세요.

　　에도　　　　　　　헤이안쿄　　　　　　　헤이조쿄

**3** 에도 막부가 다이묘를 다스리는 지방과 에도에 번갈아 살게 한 이유를 고르세요.　　　(　　　　　)

① 다이묘가 힘을 키우지 못하게 하기 위해서예요.

② 다이묘에게 강제로 세금을 내게 하기 위해서예요.

③ 다이묘 군사들의 힘을 키우게 하기 위해서예요.

④ 다이묘가 멀리 도망치지 못하게 하기 위해서예요.

**4** 에도 시대에 대해 바르게 말한 아이를 모두 찾아 이름에 ○ 하세요.

| | |
|---|---|
| **려진** | 막부의 권력이 약하고, 다이묘들의 권력이 강했어요. |
| **소원** | 상인과 수공업자들이 경제와 문화를 이끌었어요. |
| **재준** | 화폐가 전국적으로 널리 쓰였어요. |
| **새별** | 왕과 귀족만이 가부키를 즐겼어요. |

🔍 **용어풀이**
　• **도쿠가와 이에야스** 일본 에도 막부의 첫 번째 쇼군.
　• **조닌** 일본 에도 막부 때 도시에 거주한 사회 계층. 대부분 상인과 수공업자들로 이루어짐.

알쏭? 달쏭?

# 낱말퍼즐

글을 읽고, 해당하는 낱말을 글자판에서 찾아 ◯로 묶으세요.
낱말은 가로, 세로로 찾을 수 있어요.

| 쇼 | 군 | 영 | 락 | 대 | 전 |
|---|---|---|---|---|---|
| 선 | 교 | 사 | 칼 | 망 | 자 |
| 주 | 원 | 장 | 뱅 | 원 | 명 |
| 루 | 단 | 조 | 닌 | 경 | 종 |
| 터 | 테 | 승 | 려 | 닌 | 자 |
| 강 | 희 | 제 | 영 | 락 | 제 |

 가톨릭 교회를 비판하며 《95개조 반박문》을 발표한 사람이에요.

 명나라의 제3대 황제로, 수도를 베이징으로 옮긴 사람이에요.

 명나라 학자들이 만든 중국 최대의 백과사전이에요.

 16세기 말부터 중국에 크리스트교를 전하러 유럽에서 온 사람들이에요.

 마테오 리치가 명나라 황제에게 선물한 물건이에요.

 일본 에도 막부 때 도시에 살던 상인과 수공업자들을 부르는 말이에요.

# 배를 타고 세계를 누빈 중국의 항해왕 정화

명나라 때 정화는 중국을 세계에 알리라는 영락제의 명령으로 배를 타고 세계 곳곳을 돌아다녔어. 그는 1405년 수십 척의 배에 수만 명의 사람을 싣고 첫 항해를 시작했지. 그 후 1433년까지 일곱 번이나 항해하며 아시아와 아라비아를 지나 아프리카까지 항해했어. 정화는 가는 곳마다 도자기와 비단 같은 중국 물건을 선물하며 명나라를 알렸어. 정화의 항해는 포르투갈의 항해가인 바스쿠 다 가마가 희망봉을 돌아 인도에 도착한 것보다 90년 정도 앞섰다고 해.

# 에도 시대 사람들은 무엇을 즐겼을까?

에도 시대에는 일본의 전통 연극인 가부키가 유행했어. 가부키는 춤, 노래, 연기가 어우러진 연극으로, 주로 역사 이야기나 서민들의 이야기를 공연했어. 귀족과 무사, 조닌, 서민까지 많은 사람이 가부키를 즐겼지. 가부키 배우들은 진한 화장을 하고 과장된 동작을 하며 연기했어. 가부키 배우의 화장이나 머리 모양, 옷차림을 따라 하는 사람들이 있을 정도로 가부키는 아주 인기가 많았어.

▲ 가부키 장면을 그린 일본 전통 그림

# 17 일차 인도를 차지한 이슬람 왕조, 무굴 제국

16세기 초 중앙아시아에서 티무르*의 후손인 바부르*가 내려와 인도의 델리를 정복하고 무굴 제국을 세웠어요. '무굴'은 페르시아어로 '몽골'이라는 뜻이에요. 바부르가 몽골족의 후손이기 때문에 이렇게 이름 지었지요.

무굴 제국의 제3대 왕인 아크바르 황제는 혼란한 시기에 황제가 되어 제국을 안정시키려고 애썼어요. 그는 이슬람교도였지만 힌두교를 믿는 인도 사람들을 차별하지 않았어요. 이슬람교를 믿지 않는 사람들에게 걷던 세금도 없앴지요. 또 이슬람교도와 힌두교도의 결혼을 적극적으로 권했으며, 자신도 힌두 왕국 출신의 공주와 결혼했어요. 이렇게 제국을 안정시킨 아크바르 황제는 정복 활동을 하여 영토도 크게 넓혔어요.

아크바르 황제가 나라의 기반을 잘 다져 놓은 덕분에 그의 뒤를 이은 자한기르* 황제와 샤 자한* 황제 시대에는 무굴 제국의 전성기를 이루었어요. 그 뒤 아우랑제브* 황제 때에는 꾸준한 정복 활동으로 인도 대부분을 차지했어요. 그런데 이슬람교에 대한 믿음이 강했던 아우랑제브 황제는 힌두교도들에게 이슬람교를 믿으라고 강요했어요. 그러자 곳곳에서 힌두교도들의 반란이 일어나 무굴 제국은 점점 힘을 잃어 갔어요.

이슬람교를 믿지 않는 사람들도 이제부터 세금을 내지 마시오!

1526년
무굴 제국이 세워짐.

1556년
아크바르가 황제가 됨.

1659년
아우랑제브가 황제가 됨.

## 읽은 것 확인하기

**1** 인도의 델리에 무굴 제국을 세운 사람은 누구인지 쓰세요.

🖉 _____

**2** 아크바르 황제에 대한 설명으로 맞으면 ○, 틀리면 × 하세요.

(1) 무굴 제국의 제3대 왕이에요.                    (          )

(2) 힌두교를 믿는 인도 사람들을 차별했어요.            (          )

(3) 힌두 왕국 출신의 공주와 결혼했어요.             (          )

(4) 정복 활동으로 영토를 크게 넓혔어요.             (          )

**3** 무굴 제국의 전성기를 이룬 황제를 모두 찾아 ○ 하세요.

| 바부르 | 자한기르 | 샤 자한 | 후마윤 |
| --- | --- | --- | --- |

**4** 아우랑제브 황제에 대한 설명으로 맞는 것을 모두 고르세요.          (       ,       )

① 이슬람교에 대한 믿음이 강했어요.

② 정복 활동을 하여 인도 대부분을 차지했어요.

③ 이슬람교도와 힌두교도의 결혼을 적극 권했어요.

④ 무굴 제국의 수도를 델리로 옮겼어요.

**용어 풀이**

• **티무르** 티무르 왕조의 제1대 황제. 몽골 제국의 대부분을 차지하는 대제국을 건설함.

• **바부르** 무굴 제국의 창시자. 1526년 북인도의 중심지 델리와 아그라를 차지하고 스스로를 '인도 황제'라고 칭함.

• **자한기르** 무굴 제국의 제4대 황제. 종교에 관대하였으며, 무굴 문화의 꽃을 피움.

• **샤 자한** 무굴 제국의 제5대 황제. 무굴 왕조의 전성기를 이룸.

• **아우랑제브** 무굴 제국의 제6대 황제. 아버지 샤 자한을 쫓아내고 황제가 됨.

# 궁전처럼 화려한 무덤, 타지마할

오늘날 인도를 상징하는 대표적인 건축물은 타지마할이에요. 타지마할은 무굴 제국의 황제인 샤 자한이 죽은 아내를 위해 만든 무덤이에요.

샤 자한 황제에게는 여러 명의 왕비가 있었는데, 샤 자한 황제는 그중에서 뭄타즈 마할 왕비를 가장 사랑했어요. 뭄타즈 마할 왕비는 젊은 나이에 아이를 낳다가 죽고 말았어요. 그러자 샤 자한 황제는 백성들에게 2년 동안 왕비를 추모*하도록 했어요. 그리고 왕비의 시신*을 모실 무덤을 세상에서 가장 아름답게 짓도록 했는데, 이 무덤이 바로 타지마할이에요. 샤 자한 황제도 죽은 뒤에 타지마할에 묻혔지요.

타지마할은 이슬람 사원의 양식과 인도 고유의 문화가 조화를 이루는 건축물이에요. 매일 2만여 명의 일꾼이 22여 년 동안 일해서 완성되었지요. 타지마할은 건물 가운데의 돔을 중심으로 오른쪽과 왼쪽이 대칭*을 이루어요. 건물 겉면은 흰 대리석으로 만들고, 다이아몬드와 수정 같은 귀한 보석으로 내부를 장식해 아주 화려하고 아름다워요.

▲ 타지마할

1632년경

타지마할을 짓기 시작함.

**1** 타지마할에 대한 글을 읽고, 빈 곳에 알맞은 말을 쓰세요.

> 타지마할은 _____ 제국의 황제인 샤 자한이 죽은 뭄타즈 마할 왕비를 위해
>
> 만든 _____ 이에요.

**2** 뭄타즈 마할 왕비가 죽은 뒤에 샤 자한 황제가 한 일로 맞으면 ○, 틀리면 ✕ 하세요.

(1) 백성들에게 2년 동안 왕비를 추모하게 했어요.                    (          )

(2) 백성들에게 2년 동안 왕비의 고향을 방문하게 했어요.              (          )

(3) 왕궁 벽에 왕비의 초상화를 그리게 했어요.                      (          )

(4) 왕비의 무덤을 세상에서 가장 아름답게 짓도록 했어요.           (          )

**3** 타지마할에 대한 글을 읽으면서 알맞은 말에 ○ 하세요.

> 타지마할은 건물 겉면은 흰 ( 벽돌 / 대리석 )(으)로 만들고, 내부는 다양한 ( 보석 /
> 그림 )으로 화려하게 장식했어요.

**4** 타지마할에 대한 설명으로 **틀린** 것을 고르세요.                    (          )

① 인도를 상징하는 대표적인 건축물이에요.

② 샤 자한의 왕비인 뭄타즈 마할이 머무르던 궁전이에요.

③ 이슬람 사원의 양식과 인도 고유의 문화가 조화를 이루어요.

④ 가운데 돔을 중심으로 건물의 오른쪽과 왼쪽이 대칭이에요.

**용어풀이**
- **추모** 죽은 사람을 그리며 생각함.
- **시신** 죽은 사람의 몸을 점잖게 이르는 말.
- **돔** 공을 반으로 잘라 놓은 것처럼 모양이 둥근 지붕.
- **대칭** 두 사물이 서로 크기나 모양이 정확히 같아 한 쌍을 이룸.

# 19 일차 강한 영국을 꿈꾼 엘리자베스 1세

16세기 유럽에서는 국가 간 경쟁이 치열해지며 강력한 군사력을 갖춘 국가들이 등장했어요. 이 나라들은 거대한 군대를 유지하기 위해 세금을 효율적으로 걷는 제도와 체계적인 행정 기구를 갖춘 재정·군사 국가로 발전했어요.

이 시기 영국은 엘리자베스 1세 여왕이 다스렸어요. 스물다섯 살에 왕위에 오른 그녀는 영국을 부유하고 강한 나라로 만들고 싶어 했어요. 그래서 화폐를 새로 만들어 경제를 안정시키고 상업을 발전시켰어요. 또 영국 국교회가 확실히 자리 잡도록 했으며, 가난한 사람들을 도와주는 법도 만들었어요.

엘리자베스 1세는 대서양 무역을 장악하고 있던 에스파냐와 바다의 지배권*을 두고 전쟁을 벌었어요. 영국 해군은 무적함대*라고 불리는 에스파냐의 강력한 해군을 무너뜨리고 바다의 지배권을 가졌어요. 그 뒤 영국은 북아메리카에 식민지를 만들었고, 인도에 동인도 회사*를 세워 아시아로 나아갔어요.

엘리자베스 1세는 평생 영국을 강한 나라로 만드는 데 온 힘을 쏟았답니다.

바다는 이제 영국이 지배한다!

1558년
엘리자베스 1세가
여왕이 됨.

1603년
엘리자베스 1세가
죽음.

**1**　강한 군사력과 효율적인 세금 제도, 체계적인 행정 기구를 갖춘 나라를 무엇이라고 하는지 쓰세요.

🖉 ＿＿＿＿＿＿＿＿＿＿＿＿＿＿＿＿＿＿＿＿＿＿＿＿＿＿＿＿＿＿＿＿＿＿＿＿

**2**　영국과 바다의 지배권을 다툰 나라는 어디인지 찾아 ○ 하세요.

| 프랑스 | 에스파냐 | 포르투갈 |
| --- | --- | --- |

**3**　빈 곳에 들어갈 말을 〈보기〉에서 찾아 쓰세요.

보기

북아메리카
동인도 회사

영국은 ＿＿＿＿＿＿＿＿＿＿＿＿에 식민지를 만들었고, 인도
에 ＿＿＿＿＿＿＿＿＿＿＿＿를 세워 아시아로 나아갔어요.

**4**　엘리자베스 1세에 대한 글을 읽고, '맞아요'와 '틀려요' 중에서 알맞은 쪽에 색칠하세요.

| | | |
| --- | --- | --- |
| • 국민들에게 크리스트교를 믿으라고 강요했어요. | 맞아요 | 틀려요 |
| • 가난한 사람들을 도와주는 법을 만들었어요. | 맞아요 | 틀려요 |
| • 화폐를 새로 만들어 경제를 안정시켰어요. | 맞아요 | 틀려요 |

🔍 **용어 풀이**
• **지배권** 다른 사람이 끼어들지 않고 목표로 한 물건을 직접 지배할 수 있는 권리.
• **무적함대** 에스파냐가 영국을 공격하려고 만든 해군 부대로, 겨룰 만한 적이 없는 강한 함대.
• **동인도 회사** 17세기 초에 유럽 각국이 인도 및 동남아시아와 무역하기 위하여 동인도에 세운 회사.

1643년 프랑스에서는 당시 다섯 살인 루이 14세가 왕이 되었어요. 그래서 한동안은 어린 왕을 대신해 재상*이 나랏일을 돌보았어요.

1661년부터 나라를 직접 다스리기 시작한 루이 14세는 자신에게 반항하는 귀족들을 누르고, 왕권을 키워 절대적인 권력을 가졌어요. 루이 14세는 자신을 태양과 같은 존재라고 생각해 스스로를 '태양왕'이라고 불렀어요.

루이 14세는 왕권을 강화하는 데 많은 돈이 필요해지자 상공업자들*에게 세금을 걷기 위해 적극적으로 상공업을 지원했어요. 또 위급한 일이 일어날 때 자신을 지켜 줄 군대인 상비군*을 거느려 권력을 더욱 강화했어요.

"나에게 어울리는 크고 화려한 궁전을 짓도록 하여라."

루이 14세는 베르사유*에 거대한 궁전을 지었어요. 이것이 바로 베르사유 궁전이에요. 루이 14세는 수많은 귀족과 함께 이 궁전에서 지내며 화려한 생활을 했어요.

루이 14세는 군대의 힘을 키워 영토를 넓히려고 했어요. 하지만 프랑스의 힘이 커지는 것을 걱정한 영국과 네덜란드, 에스파냐가 동맹을 맺고 맞서는 바람에 끝내 뜻을 이루지는 못했어요.

▲ 루이 14세

1638년
루이 14세가 태어남.

1643년
루이 14세가 왕이 됨.

1715년
루이 14세가 죽음.

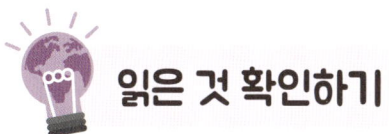

## 읽은 것 확인하기

**1** 루이 14세에 대한 글을 읽고, 빈 곳에 알맞은 말을 쓰세요.

> 절대적인 권력을 가진 루이 14세는 자신을 태양과 같은 존재라고 생각했어요. 그래서 스스로를 _____ 이라고 불렀어요.

**2** 루이 14세가 적극적으로 상공업을 지원한 이유에 대해 바르게 말한 아이를 찾아 이름에 ○ 하세요.

> **재영** 상공업자들에게 세금을 걷기 위해서예요.
>
> **가은** 자신이 왕이 될 때 상공업자들의 도움을 받았기 때문이에요.
>
> **한수** 상공업자들만 자신에게 충성을 맹세했기 때문이에요.

**3** 루이 14세 때 지어진 건물로, 귀족들과 화려한 생활을 한 궁전의 이름을 쓰세요.

_____

**4** 루이 14세에 대한 설명으로 맞으면 ○, 틀리면 ✕ 하세요.

(1) 반항하는 귀족들을 누르고 절대적인 권력을 가졌어요. ( )

(2) 자신을 지켜 줄 상비군을 거느렸어요. ( )

(3) 거대한 궁전에 살면서 화려한 생활을 했어요. ( )

(4) 네덜란드, 에스파냐와 전쟁을 벌여 영토를 넓혔어요. ( )

**용어 풀이**
• **재상** 왕을 돕고 모든 관리를 지휘하고 감독하는 일을 맡아보던 관직.
• **상공업자** 상업이나 공업 분야에서 일하는 사람.
• **상비군** 갑자기 일어날 수 있는 국가 비상사태에 대비하여 항상 준비하고 있는 군대.
• **베르사유** 프랑스 파리의 서남쪽에 있는 관광 도시.

알쏭? 달쏭?
# 낱말퍼즐

글을 읽고, 해당하는 낱말을 글자판에서 찾아 ◯로 묶으세요.
낱말은 가로, 세로로 찾을 수 있어요.

| 뭄 | 바 | 이 | 금 | 타 | 프 |
|---|---|---|---|---|---|
| 델 | 리 | 동 | 방 | 지 | 랑 |
| 가 | 재 | 상 | 업 | 마 | 스 |
| 무 | 적 | 함 | 대 | 할 | 원 |
| 영 | 인 | 아 | 크 | 바 | 르 |
| 국 | 도 | 자 | 한 | 기 | 르 |

 바부르가 무굴 제국을 세운 곳으로, 인도에 있어요.

 이슬람교를 믿지 않는 사람들에게 걷던 세금을 없앤 무굴 제국의 제3대 황제예요.

 무굴 제국의 황제인 샤 자한이 죽은 아내를 위해 만든 무덤이에요.

 에스파냐가 영국을 공격하려고 만든 해군 부대를 말해요.

 왕을 돕고 모든 관리를 지휘하고 감독하는 일을 맡아보던 관직을 말해요.

 루이 14세가 다스린 나라예요.

## 세계 문화유산으로 지정된 무굴 제국의 아그라 요새

무굴 제국의 수도였던 아그라에는 1983년에 유네스코 세계 문화유산으로 지정된 '아그라 요새'가 있어. 이 요새는 아크바르 황제 때 지어졌는데, 성벽과 성문이 붉은색 암석으로 만들어져 '붉은 성'이라고도 불리지. 아그라 요새는 높이가 약 20미터, 길이가 약 2.5킬로미터나 되는 성벽이 이중으로 감싸고 있어. 밖에서 보면 견고하고 딱딱한 요새이지만, 요새 안에는 작은 궁전과 사원, 정원, 탑 등이 있어 화려하고 아름답다고 해.

▲ 아그라 요새

## 동인도와의 무역을 위해 세워진 동인도 회사

17세기 초 영국, 프랑스, 네덜란드 등은 동방 무역을 하기 위해 동인도에 '동인도 회사'를 세웠어. 각국의 동인도 회사는 유럽에서 인기 좋은 후추, 커피, 면화 등에 대한 무역을 독점하는 권한을 얻기 위해 치열하게 경쟁했어. 특히 영국과 프랑스의 동인도 회사가 인도에서 격렬하게 다투었는데, 1757년 전투에서 영국의 동인도 회사가 이겨 인도 무역을 거의 독점하게 되었어. 그 뒤 영국의 동인도 회사는 인도를 영국의 식민지로 만드는 데 앞장섰단다.

"저기 신대륙이 보인다. 우리는 이제 자유롭게 살 수 있다."

1620년에 영국 사람들을 실은 배가 북아메리카의 동쪽 해안에 다다랐어요. 영국에서 출발한 이 배의 이름은 '5월의 꽃'이라는 뜻을 가진 메이플라워호였어요.

이 시기에 영국에서는 제임스 1세가 청교도*를 박해했어요. 그래서 영국의 청교도는 종교의 자유를 찾아 신대륙으로 이동하려고 했지요. 하지만 배 위에서 추위와 배고픔으로 절반 이상이 목숨을 잃었어요. 살아남은 사람들은 신대륙에 도착해 아메리카 원주민들에게서 옥수수 기르는 법과 고기 잡는 법 등을 배우며 새로운 땅에 적응했어요.

그 뒤로도 종교의 자유를 찾아 많은 사람이 북아메리카로 옮겨 왔어요. 북아메리카 원주민들은 영국 사람들이 자신들의 땅을 점점 빼앗자 그들과 맞서 싸웠어요. 하지만 원주민들은 총을 든 영국 사람들을 이길 수 없었고, 어쩔 수 없이 서쪽으로 쫓겨났어요. 영국 사람들은 원주민들을 몰아내고 북아메리카의 동쪽 해안에 13개의 식민지를 세웠어요.

1620년
메이플라워호가
북아메리카에 도착함.

17세기경
북아메리카에 영국 식민지
13개가 세워짐.

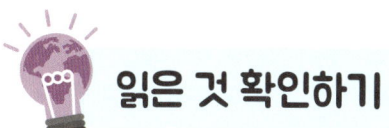

**1** 1620년 영국의 청교도가 메이플라워호를 타고 도착한 곳은 어디인지 찾아 색칠하세요.

　　동아프리카　　　　　　서아시아　　　　　　북아메리카

**2** 청교도가 영국에서 신대륙으로 건너온 이유로 맞는 것을 고르세요.　　　　(　　　　)

① 황금을 찾기 위해서예요.

② 원주민을 노예로 잡아가기 위해서예요.

③ 종교의 자유를 찾기 위해서예요.

④ 옥수수를 재배하는 방법을 배우기 위해서예요.

**3** 영국 사람들에게 옥수수 기르는 법과 고기 잡는 법을 알려 준 사람들은 누구인지 찾아 ○ 하세요.

| 아메리카 원주민들 | 에스파냐 사람들 | 아시아 사람들 |
|---|---|---|

**4** 영국 사람들이 북아메리카 동쪽 해안에 세운 식민지는 모두 몇인지 쓰세요.

　　　　　　　　　　　　　개

• **제임스 1세** 영국의 왕으로, 영국 국교회를 강요하여 청교도와 대립함.

• **청교도** 16세기 후반에 영국 국교회에 반항하여 생긴 개신교의 한 갈래.

# 22 일차 만주족이 세운 청나라

명나라가 중국을 다스릴 때, 만주에서는 누르하치*가 만주족을 통일하고 후금을 세웠어요. 그 뒤 세력을 키운 후금은 나라 이름을 청나라로 바꾸고 명나라로 쳐들어가 중국을 차지했어요.

청나라는 한족에게 만주족의 머리 모양인 변발을 하도록 강요했고, 만주족의 옷을 입게 했어요. 한족이 만주족을 비판하거나 저항하면 강하게 탄압했지요. 하지만 한편으로는 한족의 문화를 존중했어요. 명나라처럼 유교에 따라 나라를 다스렸으며, 과거제도 그대로 유지했어요. 또 한족과 만주족을 같은 수로 뽑아 나라의 중요한 관직에 앉혔어요. 이런 방법으로 청나라는 한족의 반발*을 줄이고, 적은 수의 만주족으로 많은 수의 한족을 지배할 수 있었어요.

청나라는 제4대 황제인 강희제 때 크게 번성했어요. 강희제는 한족이 일으킨 반란을 진압하고, 타이완을 정복해 중국 전체를 통일했어요. 또 몽골고원을 정복하고, 동쪽으로 내려오려는 러시아를 막아 냈어요. 강희제의 뒤를 이은 옹정제*는 티베트를 평정했고, 그 뒤를 이은 건륭제* 때에는 중국 역사상 최대의 영토를 차지하기도 했어요.

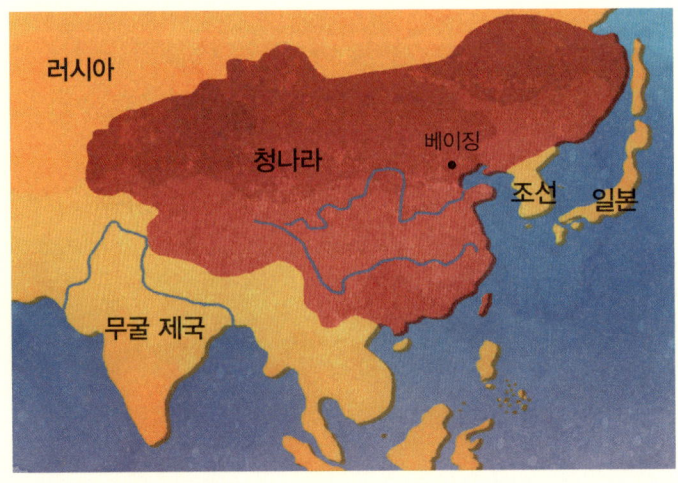

▲ 청나라 때의 최대 영역

1616년
누르하치가
후금을 세움.

1636년
나라 이름을
청나라로 바꿈.

1912년
청나라가 멸망함.

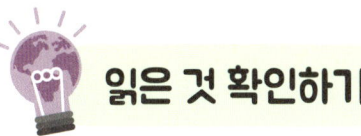

**1** 누르하치가 만주족을 통일하고 세운 나라는 무엇인지 쓰세요.

✏️ _____

**2** 청나라가 한족에게 한 일이 <u>아닌</u> 것을 고르세요.                    (        )

① 만주족의 머리 모양인 변발을 하도록 강요했어요.

② 한족의 문화를 탄압했어요.

③ 만주족을 비판하면 강하게 탄압했어요.

④ 만주족의 옷을 입게 했어요.

**3** 청나라에 대한 글을 읽고, 빈 곳에 알맞은 말을 쓰세요.

> 청나라는 _____에 따라 나라를 다스렸어요. 과거제를 유지하고, 나라의 중
>
> 요한 관직에는 _____과 만주족을 같은 수로 뽑았어요.

**4** 어느 황제가 한 일인지 〈보기〉에서 찾아 기호를 쓰세요.

> 보기
>
> ㉠ 옹정제    ㉡ 건륭제    ㉢ 강희제

⑴ 한족의 반란을 진압하고, 타이완을 정복했어요.                (        )

⑵ 티베트를 평정했어요.                                 (        )

⑶ 중국 역사상 최대의 영토를 차지했어요.                    (        )

🔍 **용어 풀이**
- **누르하치** 후금의 초대 황제. 여진족의 추장에서 우두머리인 '칸'이 된 뒤 후금을 세웠음.
- **반발** 어떤 상태나 행동 등에 대하여 반대함.
- **옹정제** 중국 청나라의 제5대 황제. 중앙 집권제를 굳게 세움.
- **평정** 반란을 누르고 조용하고 편안한 상태로 만듦.
- **건륭제** 중국 청나라의 제6대 황제로, 오늘날 중국 영토의 대부분을 확보함.

엘리자베스 1세 여왕이 죽은 뒤 여왕의 친척인 스코틀랜드*의 왕 제임스 1세 와 그의 아들 찰스 1세가 차례로 영국의 왕위에 올랐어요.

왕이 된 찰스 1세는 의회*의 동의 없이 세금을 걷고, 세금을 못 내는 사람들 은 강제로 군대에 보냈어요. 그러자 의회는 찰스 1세에게 의회의 동의 없이 세 금을 걷지 말 것, 국민을 불법*으로 가두지 말 것 등을 요구했어요. 찰스 1세는 어쩔 수 없이 의회의 요구를 받아들였지만, 다음 해에 의회를 해산*해 버렸어 요. 그러고는 11년 동안 제멋대로 영국을 다스렸어요. 또 영국 국교회를 강요 하며 청교도를 못살게 굴었어요.

그러던 중 스코틀랜드에서 반란이 일어나자 찰스 1세는 전쟁에 필요한 돈을 걷으려고 의회를 열었어요. 하지만 의회는 찰스 1세의 요구를 거절했어요.

이를 계기로 찰스 1세를 지지하는 왕당파와 의회를 지지하는 의회파가 전쟁 을 벌였고, 올리버 크롬웰이 이끄는 의회파가 이겼어요. 그 뒤 찰스 1세는 처 형되었고, 의회가 정치를 이끌었지요. 올리버 크롬웰을 비롯한 의회파 대부분이 청교도였기 때문에 이 사건을 '청교도 혁명'이라고 부른답 니다.

▲ 올리버 크롬웰의 동상

1625년
찰스 1세가 왕이 됨.

1642년
청교도 혁명이 시작됨.

1649년
찰스 1세가 처형됨.

# 읽은 것 확인하기

**1** 찰스 1세에 대한 설명으로 맞는 것을 모두 고르세요.　　　　　（　　　,　　　）

① 엘리자베스 1세 여왕의 뒤를 이어 스코틀랜드의 왕이 되었어요.

② 의회의 동의 없이 세금을 걷었어요.

③ 청교도를 믿고 영국 국교회를 박해했어요.

④ 의회를 해산하고 제멋대로 영국을 다스렸어요.

**2** 의회파와 왕당파에 대한 설명으로 알맞은 것을 찾아 줄로 이으세요.

| 의회파 | • | • | 찰스 1세를 지지하는 무리 |
|---|---|---|---|
| 왕당파 | • | • | 의회를 지지하는 무리 |

**3** 의회파를 이끌어 청교도 혁명을 승리로 이끈 사람은 누구인지 이름을 쓰세요.

✏️ _____

**4** 왕당파와 의회파의 전쟁으로 찰스 1세가 처형된 사건을 '청교도 혁명'이라 부르는 이유를 고르세요.

　　　　　　　　　　　　　　　　　　　　　　（　　　）

① 이 사건으로 영국이 청교도를 국교로 정했기 때문이에요.

② 청교도가 찰스 1세를 도와 전쟁을 승리로 이끌었기 때문이에요.

③ 혁명에 참여한 올리버 크롬웰을 비롯한 의회파 대부분이 청교도였기 때문이에요.

④ 찰스 1세가 청교도였기 때문이에요.

**용어풀이**

• **스코틀랜드** 영국 북부에 있는 지방. 10세기경 왕국이 성립되었고, 18세기에 영국에 흡수됨.

• **의회** 국민에 의해 뽑힌 사람들이 나랏일을 논의하고 결정하는 기관.

• **불법** 법에 어긋남.

• **해산** 집단, 조직, 단체 등이 해체하며 없어짐. 또는 흩어져 없어지게 함.

• **올리버 크롬웰** 영국의 정치가이자 군인. 청교도 혁명 이후 영국을 다스림.

# 24일차 러시아 건국의 아버지, 표트르 대제

17세기 후반, 러시아는 서유럽의 나라들에 비해 여러 방면에서 뒤떨어져 있었어요. 이런 러시아가 강대국*으로 성장할 수 있는 기틀을 마련한 사람은 표트르 대제예요.

"우리나라도 서유럽의 앞선 기술과 문화를 받아들여야 해."

표트르 대제는 왕이 된 뒤 서유럽의 여러 나라를 방문해 정치 제도와 기술, 군사 제도 등을 배웠어요. 대포 만드는 법, 배 만드는 기술 등을 직접 익혔지요.

러시아로 돌아온 표트르 대제는 서유럽의 장점을 받아들여 군사, 행정, 교육 제도 등을 새롭게 바꾸었어요. 배 만드는 산업을 키우고 상비군을 만들었으며, 귀족들에게는 생활 풍습을 서유럽식으로 바꾸게 했지요.

표트르 대제는 네바강* 주변에 새로운 도시를 세우고 수도를 모스크바에서 이곳으로 옮겼는데, 이 도시가 바로 상트페테르부르크예요. 또 덴마크, 폴란드와 함께 스웨덴을 공격해 발트해* 동쪽 해안을 차지한 뒤 시베리아까지 영토를 넓혔어요.

러시아 사람들은 표트르 대제를 '근대* 러시아의 아버지'라고 불러요. 그가 러시아의 근대화*를 이끌었기 때문이에요.

▲ 오늘날의 상트페테르부르크

1682년
표트르 대제가 황제가 됨.

1725년
표트르 대제가 죽음.

**1** 서유럽에 비해 여러 방면에서 뒤떨어진 러시아를 강대국으로 이끈 사람은 누구인지 쓰세요.

🖉 _____

**2** 표트르 대제는 어디의 기술과 문화를 받아들여야 한다고 했는지 찾아 ○ 하세요.

| 서유럽 | 북유럽 | 아시아 |
|:---:|:---:|:---:|

**3** 표트르 대제에 대한 설명으로 **틀린** 것을 고르세요.　　　( 　　　　 )

① 서유럽 나라들의 여러 가지 제도와 기술 등을 배웠어요.

② 배 만드는 산업을 키웠어요.

③ 귀족들에게 러시아 전통을 지킬 것을 강요했어요.

④ 수도를 상트페테르부르크로 옮겼어요.

**4** 표트르 대제에 대한 글을 읽으면서 알맞은 말에 ○ 하세요.

표트르 대제는 러시아의 ( 산업화 / 근대화 )를 이끌었어요. 그래서 러시아 사람들은 그를 '( 근대 / 현대 ) 러시아의 아버지'라고 불러요.

용어 풀이
• **강대국** 경제적으로나 군사적으로 힘이 세고 영토가 넓은 나라.
• **네바강** 러시아 서북부에 있는 강.
• **발트해** 유럽 대륙과 스칸디나비아반도 사이에 있는 바다.
• **근대** 중세와 현대 사이의 시대로, 현대의 특징이 나타나기 시작한 시대.
• **근대화** 사회와 문화 등이 근대의 특성을 받아들여 발전됨.

17세기에 독일은 300여 개의 작은 나라들로 이루어져 있었어요. 이 중 독일 북동부에 있는 프로이센의 왕이 된 프리드리히 빌헬름 1세*는 프로이센을 강한 나라로 만드는 데 온 힘을 쏟았어요.

프리드리히 빌헬름 1세는 절약을 몸소 실천하는 검소한 왕이었어요. 하지만 군대를 위해서라면 돈을 아끼지 않았어요. '군인왕'이라고 불릴 정도로 군대를 키우는 데 돈을 많이 썼지요. 또 군사의 수를 늘리고, 군사들이 명령에 잘 따르고 규율을 철저히 지키도록 훈련시켰어요.

프리드리히 빌헬름 1세의 이런 노력 덕분에, 아들인 프리드리히 2세*는 강하고 용맹한 군대와 안정된 나라를 물려받을 수 있었어요. 프리드리히 2세는 프로이센을 유럽에서 가장 강한 군사를 가진 나라로 만들었어요. 그는 오스트리아와 벌인 전쟁에서 이기고 석탄과 철 등 지하자원이 풍부한 슐레지엔*을 차지하면서 영토를 크게 넓혔지요.

"왕은 나라의 첫 번째 심부름꾼이다."

프리드리히 2세가 한 이 말처럼 그는 나라를 부유하고 강하게 만들기 위해 열심히 일하며 프로이센을 유럽의 강국*으로 만들었어요.

▲ 프리드리히 2세

1701년
프로이센 왕국이
세워짐.

1713년
프리드리히 빌헬름 1세가
왕이 됨.

1740년
프리드리히 2세가
왕이 됨.

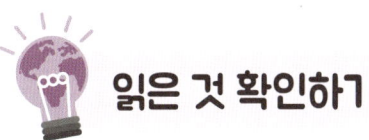 

**1** 프리드리히 빌헬름 1세에 대한 글을 읽으면서 알맞은 말에 ○ 하세요.

> 프리드리히 빌헬름 1세는 ( 오스트리아 / 프로이센 )를(을) 강한 나라로 만들기 위해 온 힘을 쏟았어요.

**2** 프리드리히 빌헬름 1세에 대한 글을 읽고, '맞아요'와 '틀려요' 중에서 알맞은 쪽에 색칠하세요.

| | | |
|---|---|---|
| • '군인왕'이라고 불렸어요. | 맞아요 | 틀려요 |
| • 나라의 돈을 아끼느라 군대를 키우지 않았어요. | 맞아요 | 틀려요 |
| • 군사들이 규율을 철저히 지키도록 훈련시켰어요. | 맞아요 | 틀려요 |
| • 군사의 수를 줄였어요. | 맞아요 | 틀려요 |

**3** 프로이센을 유럽에서 가장 강한 군사를 가진 나라로 만든 사람은 누구인지 찾아 ○ 하세요.

| 프리드리히 빌헬름 1세 | 프리드리히 1세 | 프리드리히 2세 |
|---|---|---|

**4** 프리드리히 2세가 한 말을 읽고, 빈 곳에 알맞은 말을 쓰세요.

> 왕은 나라의 첫 번째 ＿＿＿＿＿＿＿＿이다.

- **프리드리히 빌헬름 1세** 프로이센의 제2대 왕으로, 프로이센을 부유하고 강한 나라로 만드는 기틀을 마련함.
- **프리드리히 2세** 프리드리히 빌헬름 1세의 아들로, 프로이센에 여러 가지 개혁을 추진한 왕.
- **슐레지엔** 폴란드 서남부에 있는 오데르강 상류 지방.
- **강국** 국제적으로 어떤 분야에서 큰 힘을 가진 나라.

글을 읽고, 해당하는 낱말을 글자판에서 찾아 ◯로 묶으세요.
낱말은 가로, 세로로 찾을 수 있어요.

| | | | | | |
|---|---|---|---|---|---|
| 오 | 누 | 르 | 하 | 치 | 금 |
| 스 | 센 | 강 | 양 | 쯔 | 강 |
| 트 | 의 | 회 | 근 | 프 | 산 |
| 리 | 몽 | 골 | 대 | 랑 | 변 |
| 아 | 영 | 국 | 화 | 스 | 발 |
| 메 | 이 | 플 | 라 | 워 | 호 |

**1** 1620년 영국의 청교도가 북아메리카로 올 때 타고 온 배의 이름이에요.

**2** 만주족을 통일하고 후금을 세운 사람이에요.

**3** 만주족의 머리 모양을 가리키는 말이에요.

**4** 국민에 의해 뽑힌 사람들이 나랏일을 논의하고 결정하는 기관을 말해요.

**5** 사회와 문화 등이 근대의 특성을 받아들여 발전되는 것을 말해요.

**6** 프리드리히 2세가 두 차례나 전쟁을 벌인 나라예요.

## 중국 문화의 매력에 푹 빠진 유럽 귀족들

중국의 물건과 문화가 유럽에 전해지면서 17세기 유럽 귀족들 사이에 중국 문화가 크게 인기를 끌었어. 유럽 귀족들은 중국 비단으로 만든 옷을 입고 중국 도자기에 중국 차를 따라 마시면서 이야기하는 것을 취미로 즐겼어. 그들은 도자기 같은 중국 물건들을 구입해 집을 장식하고, 방을 중국식으로 꾸미기도 했어. 귀족뿐만 아니라 왕실에서도 중국 문화를 즐겨서 궁전에 중국 도자기를 사용하는 중국식 찻집을 만들기도 했대.

중국의 도자기 ▶

## 감자는 귀족만 먹는다고?

18세기 중반 프로이센은 오스트리아와의 오랜 전쟁으로 먹을 것이 부족해 굶주리는 사람들이 많았어. 그러자 프리드리히 2세는 국민에게 감자를 먹으라고 권했어. 당시에는 감자가 동물의 먹이로만 쓰여서 아무도 먹지 않았어. 사람들이 좀처럼 감자를 먹지 않자 프리드리히 2세는 자신의 식탁에 날마다 감자를 올리라고 했어. 또 감자는 귀족만 먹을 수 있다고 발표했지. 그러자 사람들은 감자를 귀한 음식이라고 생각하기 시작했고, 마침내 누구나 먹게 되었어.

# 해답과 도움말

## 1일차 그리스·로마 문화의 부활, 르네상스　　📖 8~9쪽

1 인간
2 이탈리아
3 이탈리아의 상인들
4 ③

> **도움말** 16세기 이후 르네상스는 알프스 이북의 북유럽으로 퍼져 나갔어요. 북유럽 르네상스는 주로 봉건 사회와 교회의 잘못된 점을 비판했어요. 또 라틴어 대신 각 나라의 언어가 발달했으며, 미술에서는 농민의 생활 모습을 표현한 작품도 등장했어요.

## 2일차 이탈리아의 천재 예술가, 레오나르도 다 빈치　　📖 10~11쪽

1 메디치 가문
2 모나리자
3 (1) ○, (2) ×, (3) ○, (4) ○
4 인체 해부도

> **도움말** 레오나르도 다 빈치는 사람의 모습을 사실적으로 표현하려고 노력했어요. 그가 그린 《모나리자》를 보면 얼굴색이나 표정이 마치 살아 있는 것처럼 생생해요. 또 인체 해부도는 오늘날 과학자들도 깜짝 놀랄 만큼 정확하다고 해요.

## 3일차 지동설을 주장한 과학자들　　📖 12~13쪽

1 천동설 – 우주의 중심은 지구이고, 태양과 별들이 지구의 주위를 돌아요.
　 지동설 – 지구와 다른 별들이 태양의 주위를 돌아요.
2 코페르니쿠스
3 갈릴레이
4 (순서대로) 맞아요, 맞아요, 틀려요

> **도움말** 근대 과학의 아버지라고 불리는 갈릴레이는 직접 망원경을 만들어 우주를 관찰했어요. 달에 산과 계곡이 있고 위성이 목성 주위를 돌고 있다는 것도 알아냈지요.

## 4일차 소아시아를 중심으로 번성한 오스만 제국　　📖 14~15쪽

1 오스만 제국
2 이스탄불
3 (순서대로) 셀림 1세, 술레이만 1세, 메흐메트 2세
4 아시아

> **도움말** 오스만 제국은 이슬람 문화와 비잔티움 문화, 페르시아 문화 등이 어우러진 문화가 발달했어요. 미술에서는 세밀화와 아라베스크 무늬가 유행하였고, 지리학이나 천문학 같은 실생활에 도움이 되는 학문도 발달했어요.

## 낱말퍼즐

📖 16쪽

1 르네상스
2 보카치오
3 베로키오
4 최후의 만찬
5 망원경
6 튀르크족

| 보 | 단 | 보 | 티 | 첼 | 리 |
|---|---|---|---|---|---|
| 카 | 테 | 베 | 로 | 키 | 오 |
| 치 | 망 | 원 | 경 | 안 | 경 |
| 오 | 최 | 후 | 의 | 만 | 찬 |
| 거 | 르 | 네 | 상 | 스 | 학 |
| 울 | 튀 | 르 | 크 | 족 | 자 |

유럽

**5일차** **인도로 가는 새 바닷길을 찾아 나선 포르투갈**   📖 18~19쪽

1 향신료
2 이탈리아 상인
3 ①
4 바스쿠 다 가마

> **도움말** 유럽의 여러 나라가 인도로 가는 새로운 바닷길을 찾아 나서면서 지리학과 천문학, 배와 지도를 만드는 기술 등이 발달했어요. 또 중국에서 발명된 나침반이 유럽에 전해지면서 배를 타고 멀리까지 항해하는 일도 가능해졌어요.

유럽

**6일차** **아메리카 대륙을 인도로 착각한 콜럼버스**   📖 20~21쪽

1 ②
2 아메리카 대륙
3 서인도 제도
4 (순서대로) 이탈리아, 인도

> **도움말** 콜럼버스의 항해 이후 포르투갈의 탐험가인 마젤란의 함대가 아메리카 남쪽 끝을 돌아 태평양과 인도양을 거쳐 처음에 출발했던 에스파냐로 돌아오면서 최초로 세계 일주에 성공했어요. 마젤란은 지구가 둥글다는 사실을 증명한 셈이지요.

## 7일차 중앙아메리카를 차지한 아스테카 제국 📖 22~23쪽

1 멕시코시티
2 테노치티틀란
3 틀라코판, 텍스코코
4 ③

> **도움말** 아스테카 사람들이 도시를 건설한 텍스코코호 안의 섬은 적의 침입을 막기에는 좋았지만 농사짓기에 적당한 땅은 아니었어요. 그래서 아스테카 사람들은 갈대를 엮고 그 위에 진흙을 얹어 물 위에 띄운 형태의 땅을 만들어 거기에 농사를 짓고 살았어요.

## 8일차 안데스 지방을 지배한 잉카 제국 📖 24~25쪽

1 (순서대로) 쿠스코, 안데스
2 페루, 콜롬비아, 칠레
3 ②, ③
4 마, 추, 픽, 추

> **도움말** 잉카 제국의 왕은 넓은 땅을 잘 다스리기 위해 산과 바다 곳곳을 잇는 도로를 만들었어요. 이 도로는 왕과 군대, 왕을 만나러 오는 지방 관리들, 연락을 담당하는 병사 정도만 이용할 수 있었어요.

## 9일차 에스파냐에 무너진 아스테카 제국과 잉카 제국 📖 26~27쪽

1 ③
2 천연두
3 (순서대로) 피사로, 잉카
4 황금

> **도움말** 아스테카 사람들은 코르테스 군대의 말과 총, 대포를 처음 보고는 크게 놀라 겁을 먹어 제대로 싸울 수 없었어요. 또 에스파냐 사람들에게서 전염병을 옮기도 했지요. 이 때문에 코르테스는 아스테카 제국을 손쉽게 정복할 수 있었다고 해요.

## 10일차 아프리카 원주민의 비극 📖 28~29쪽

1 (순서대로) 아메리카, 유럽
2 서아프리카 해안
3 창
4 ④

> **도움말** 새로운 바닷길을 찾아다닐 당시, 유럽에서는 설탕이 인기가 있었어요. 그래서 유럽 사람들은 아프리카 사람들을 아메리카로 끌고 와서 사탕수수 농장에서 강제로 일하게 하고, 이를 통해 큰돈을 벌었어요.

## 낱말퍼즐

📖 30쪽

1 엔히크
2 에스파냐
3 텍스코코호
4 잉카
5 코르테스
6 부족장

| 텍 | 프 | 알 | 엔 | 페 | 루 |
|---|---|---|---|---|---|
| 스 | 랑 | 프 | 히 | 영 | 잉 |
| 코 | 스 | 스 | 크 | 국 | 카 |
| 코 | 코 | 르 | 테 | 스 | 드 |
| 호 | 부 | 족 | 장 | 국 | 난 |
| 에 | 스 | 파 | 냐 | 왕 | 맥 |

---

유럽

**11일차** **루터가 일으킨 종교 개혁**

📖 32~33쪽

1 면벌부
2 ②, ④
3 칼뱅
4 프로테스탄트 교회

> **도움말** 루터는 《95개조 반박문》을 통해 교황은 어떠한 죄도 용서할 권한이 없으며, 교회가 면벌부로 모든 죄에서 벗어날 수 있다고 하는 것도 잘못이라고 했어요. 진심으로 죄를 뉘우친 크리스트교도는 면벌부 없이도 죄와 벌에서 완전히 벗어날 수 있다고 했지요.

---

유럽

**12일차** **국왕이 이끈 영국의 종교 개혁**

📖 34~35쪽

1 국왕 헨리 8세
2 (순서대로) 교황, 교회
3 영국 국교회
4 ④

> **도움말** 영국 국교회를 만든 헨리 8세는 가톨릭 교회의 수도원을 닫고, 교회의 땅을 빼앗아 신하들에게 나누어 주었어요. 또 각 지방에 관리를 두어 지방까지 직접 다스리면서 왕권을 강화했어요.

## 13일차 한족이 다시 세운 국가, 명나라

📖 36~37쪽

1 주원장
2 ④
3 베이징
4 (1) ✕, (2) ○, (3) ○, (4) ✕

> **도움말** 명나라의 영락제는 자금성을 만들고 수도를 베이징으로 옮겼어요. 여러 차례 몽골을 공격하였으며 베트남을 정복하기도 하였어요. 또 정화의 항해로 동남아시아와 인도, 아프리카 동쪽 바닷가까지 진출하면서 전성기를 맞이했어요.

## 14일차 중국에 서양 문물을 전한 선교사들

📖 38~39쪽

1 크리스트교를 전파하기 위해서
2 곤여만국전도
3 (순서대로) 마테오 리치, 아담 샬
4 ③

> **도움말** 곤여만국전도는 마테오 리치가 명나라 지식인들과 함께 만들어 목판으로 찍어 펴낸 세계 지도로, 아시아와 유럽 등 세계 여러 대륙이 나타나 있으며 각 지역의 민족과 그곳에서 생산되는 물건 등도 소개하고 있어요.

## 15일차 전국 시대와 일본의 통일

📖 40~41쪽

1 전국 시대
2 ②, ④
3 도요토미 히데요시
4 (순서대로) 조선, 병

> **도움말** 권력을 잡은 도요토미 히데요시는 중국을 정복하여 국민의 존경을 받고 자신에게 불만이 있는 사람들의 관심을 밖으로 돌리려고 했어요. 그래서 명나라를 정복한다는 핑계로 조선을 침략해 임진왜란을 일으켰어요.

## 16일차 쇼군의 힘이 강했던 에도 막부

📖 42~43쪽

1 도쿠가와 이에야스
2 에도
3 ①
4 소원, 재준

> **도움말** 에도 막부는 일본의 전통과 질서가 무너진다며 크리스트교를 금지하고, 서양 선교사들이 일본으로 들어오는 것을 막았어요. 다만 나가사키를 통해 네덜란드 상인이 들어오는 것은 허락하였는데, 이를 통해 서양의 학문과 기술을 받아들였어요.

## 낱말퍼즐

📖 44쪽

1 루터
2 영락제
3 영락대전
4 선교사
5 자명종
6 조닌

| 쇼 | 군 | 영 | 락 | 대 | 전 |
|---|---|---|---|---|---|
| 선 | 교 | 사 | 칼 | 망 | 자 |
| 주 | 원 | 장 | 뱅 | 원 | 명 |
| 루 | 단 | 조 | 닌 | 경 | 종 |
| 터 | 테 | 능 | 려 | 닌 | 자 |
| 강 | 희 | 제 | 영 | 락 | 제 |

---

인도

## 17일차 인도를 차지한 이슬람 왕조, 무굴 제국

📖 46~47쪽

1 바부르
2 (1) ○, (2) ×, (3) ○, (4) ○
3 자한기르, 샤 자한
4 ①, ②

**도움말** 무굴 제국에서는 이슬람 문화와 힌두 문화가 어우러진 독특한 문화가 유행했어요. 종교에서는 힌두교와 이슬람교가 섞인 시크교가 발달했고, 언어에서도 힌디어와 페르시아어가 섞인 우르두어가 사용되었어요.

---

인도

## 18일차 궁전처럼 화려한 무덤, 타지마할

📖 48~49쪽

1 (순서대로) 무굴, 무덤
2 (1) ○, (2) ×, (3) ×, (4) ○
3 (순서대로) 대리석, 보석
4 ②

**도움말** 타지마할은 흰 대리석에 수많은 값비싼 재료로 지어졌어요. 어느 방향에서 보아도 완벽한 대칭을 이루며, 힌두 양식과 이슬람 양식이 어우러진 최고의 건축물로 인정받아 1983년에 유네스코 세계 문화유산으로 지정되었어요.

## 19일차 강한 영국을 꿈꾼 엘리자베스 1세

📖 50~51쪽

1 재정·군사 국가
2 에스파냐
3 (순서대로) 북아메리카, 동인도 회사
4 (순서대로) 틀려요, 맞아요, 맞아요

> **도움말** 엘리자베스 1세 때 영국은 강한 나라였어요. 문화에서도 셰익스피어, 베이컨 같은 위대한 작가와 학자들이 등장하여 황금 시기를 맞았어요.

## 20일차 프랑스의 절대 권력, 루이 14세

📖 52~53쪽

1 태양왕
2 재영
3 베르사유 궁전
4 (1) ○, (2) ○, (3) ○, (4) ✕

> **도움말** 베르사유 궁전을 지은 루이 14세는 왕의 권위를 널리 알리기 위해 귀족들을 불러 날마다 호화로운 잔치를 열었어요. 하지만 이런 사치스러운 생활 때문에 내야 할 세금이 많아지자 백성들의 불만은 쌓여 갔어요.

### 낱말퍼즐

📖 54쪽

1 델리
2 아크바르
3 타지마할
4 무적함대
5 재상
6 프랑스

| 뭄 | 바 | 이 | 금 | 타 | 프 |
|---|---|---|---|---|---|
| 델 | 리 | 동 | 방 | 지 | 랑 |
| 가 | 재 | 상 | 업 | 마 | 스 |
| 무 | 적 | 함 | 대 | 할 | 원 |
| 영 | 인 | 아 | 크 | 바 | 르 |
| 국 | 도 | 자 | 한 | 기 | 르 |

아메리카

## 21일차 북아메리카로 이동한 영국 사람들

📖 56~57쪽

1 북아메리카
2 ③
3 아메리카 원주민들
4 13 (또는 열세)

도움말 아메리카에 도착한 청교도는 원주민에게서 농사짓고 고기 잡는 방법을 배웠어요. 아메리카에 도착한 지 일 년이 지나고 청교도는 자신들을 도와준 원주민들을 불러 신에게 감사하는 축제를 벌였는데, 이것이 추수 감사절의 시작이에요.

동아시아

## 22일차 만주족이 세운 청나라

📖 58~59쪽

1 후금
2 ②
3 (순서대로) 유교, 한족
4 (1) ⓒ, (2) ㉠, (3) ⓝ

도움말 청나라는 중국에서 한족이 아닌 다른 민족이 세운 나라 가운데 가장 오랫동안 중국을 지배했어요. 강희제, 옹정제, 건륭제가 다스리던 130여 년 동안 전성기를 누렸지요. 청나라는 병자호란을 일으켜 조선에 많은 피해를 준 나라이기도 해요.

유럽

## 23일차 영국의 국왕을 몰아낸 청교도 혁명

📖 60~61쪽

1 ②, ④
2 (순서대로) 의회를 지지하는 무리,
   찰스 1세를 지지하는 무리,
3 올리버 크롬웰
4 ③

도움말 청교도 혁명이 끝나고 올리버 크롬웰은 왕을 대신하여 나라를 다스리는 최고 권력자가 되었어요. 청교도였던 올리버 크롬웰은 매우 엄격하게 나라를 다스렸는데, 이 때문에 영국 국민의 불만을 샀지요. 올리버 크롬웰이 죽자 영국 국민들이 다시 왕을 모셔 오면서 찰스 2세가 영국의 왕이 되었어요.

유럽

## 24일차 러시아 건국의 아버지, 표트르 대제

📖 62~63쪽

1 표트르 대제
2 서유럽
3 ③
4 (순서대로) 근대화, 근대

도움말 러시아 수도였던 상트페테르부르크는 표트르 대제의 도시 계획을 통해 만든 도시로, 서유럽의 문화를 받아들이는 창구였어요. 1918년 수도를 모스크바로 옮기기 전까지 러시아 정치와 경제, 문화의 중심지였지요.

## 25일차  유럽의 강국으로 떠오른 프로이센

📖 64~65쪽

1 프로이센
2 (순서대로) 맞아요, 틀려요, 맞아요, 틀려요
3 프리드리히 2세
4 심부름꾼

> **도움말** 프리드리히 2세는 자비, 정의, 책임감을 왕이 갖추어야 할 덕목으로 여겼어요. 나라를 다스리고 군대를 조직하고 전쟁을 직접 지휘하는 여러 역할을 완벽하게 해내어 역사상 위대한 지도자로 손꼽히지요.

### 낱말퍼즐

📖 66쪽

1 메이플라워호
2 누르하치
3 변발
4 의회
5 근대화
6 오스트리아

| 오 | 누 | 르 | 하 | 치 | 금 |
|---|---|---|---|---|---|
| 스 | 센 | 강 | 양 | 쯔 | 강 |
| 트 | 의 | 회 | 근 | 프 | 산 |
| 리 | 몽 | 골 | 대 | 랑 | 변 |
| 아 | 영 | 국 | 화 | 스 | 발 |
| 메 | 이 | 플 | 라 | 워 | 호 |

# 찾아보기